DER SPASS BEGINNT
RUTE RAUS!

Das KOCHBUCH – aufgefischt von Heinz Galling

NDR FERNSEHEN

HINSTORFF

Vorwort **von Marteria** 11

Einleitung **Nachsalzen geht immer** 12

Kapitel 1 **Aus der Tiefkühltruhe**
Was man über frischen Fisch wissen sollte! 15

Kapitel 2 **Aus dem Meer und von der Küste – 13 Rezepte**
Bismarckhering nach Heinzis Art (mit Biss) 22
Fisch & Fang-Fakten: Der Hering 24
Brathering „Scharfer Heinz" mit Bratis 27
Travemünder Pannfisch 28
Sylter Makrele 30
Wolfsbarschfilet mit Stampfkartoffeln und Queller 34
Fisch & Fang-Fakten: Der Wolfsbarsch 35
Verbuddelte Meerforelle 38
Grün trifft Grün – Hornhechtfilet an Spargel 43
Oma Marthas „Mecklenburg-Vorpommersche" Fischsuppe 46
Martens Medizin: Angeln! 46
Lachs-Gigant im Nebel 52
Lachs „Sous Vide" 55
„Flotte Flundern auf Usedom" 56
Flunderfilet à la Strindberg 57
Schollen-Schwemme! 60
Sommer-Scholle mit Frühkartoffeln 61
Das Dorsch Dilemma 62
Kieler Kochdorsch 64
Ceviche vom Dorschfilet nach einer Variante von Marten Laciny alias Marteria 67

Kapitel 3 **Aus Flüssen und Seen – 17 Rezepte**
Heinzis Hechthappen mit Dill-Sauce und Spargel 70
Fisch & Fang-Fakten: Der Hecht 72
Die Maräne 75
Schweriner Maräne im Gemüsebett 76
Der Aal. Eine aussterbende Art? 78
Brataal 81

Norddeutsche Fish & Chips. Mit Moritz Freudenthal am Westensee 84
Kaminers Fisch-Soljanka 88
Hechtsuppe 92
Barschfilet mit Rosmarinkartoffeln 96
Barsch-Burger – Das Gericht am Müggelsee 98
Zander – Räuber mit Restlichtverstärker 100
Tock Tock in der HafenCity 101
Zander-Schaschlik 102
Geräucherter Brassen – Von Silber zu Gold (im Tischräucherofen) 103
Räucherfischsalat 107
Die Bachforelle 108
Harzer Bachforelle 111
Das Rotauge 112
Mecklenburger Weißfischtopf „Hausfrauen-Art" 115
Zanderfilet Tropical 116
Im Reich der Renken 118
Alpen-Ceviche 121
Prager Kümmel-Karpfen 122
Schwarzmundgrundel 124
Grundelpfanne 125
Krebse – edel und amerikanisch! 127
Schweriner Flusskrebspfanne 129
Krabben / Garnelen: Krabbenbrötchen – Aal inclusive! 130
Krabbenbrötchen 131

Kapitel 4 **Aus dem Streuer**
Heinz' Zitronenpfeffer – für die richtige Würze im Leben 133

Kapitel 5 **Wo geht die Reise hin?** 137

Danksagung 140

VORWORT
Marteria

Wenn Essen emotional wird, dann hat das oft etwas mit den Geschöpfen zu tun, die in den Flüssen, Seen und Meeren leben. Fische sind ein Teil unserer DNA. Wir haben Kriege ihretwegen geführt, wir haben gesiedelt, wo sie vorkommen, und sie haben uns in allen Teilen dieser Welt eine Lebensgrundlage gegeben und unser Überleben gesichert. Aus Dankbarkeit sollte man gut mit ihnen umgehen und die Fischer unterstützen, die ihr Handwerk noch mit Liebe machen. Man sollte viel mehr regionalen Fisch essen, so wird man die Regionen auch viel besser kennenlernen und verstehen. Horst und Heinz gehen angeln, fangen einen Fisch, bereiten ihn zu und essen ihn. So und nicht anders. So einfach kann Nachhaltigkeit sein. Danke, dass ich dabei sein durfte.

Euer Marten oder Marteria

EINLEITUNG

Nachsalzen geht immer

Zu wenig Salz dran! Wie oft habe ich diese vier bitteren Worte von Horst gehört. Einer, der die Küche scheut wie die Forelle den Karpfenteich.
Horst Hennings, Europameister im Bootsangeln, hat nur eine Sache im Kopf: Angeln! Zu Hause im nordfriesischen Bredstedt hat er Küchenverbot! Das ist das Reich von Annegret, seiner Frau.
Seitdem unsere Angelsendung durch die deutschen Wohnzimmer flimmert, ist Horst als NDR-Angelexperte immer an meiner Seite. Und dies nun neuerdings tatsächlich auch mit Schürze! Einem Fan aus Mecklenburg-Vorpommern, dem unsere Koch- und Angelkünste aufgefallen waren, hat sie für uns entworfen. Ihm ist nicht entgangen, dass bei jedem Gericht Zitronenpfeffer am Start ist. Und das soll auch so bleiben. In diesem Buch geht es um die schmackhafte Zubereitung von Fischen und Krebsen. Aber nicht nur! Wir servieren Anekdoten, kuriose Fakten, Historisches und spannende Forschungsergebnisse in Sachen Hecht, Hering & Co. Und es werden knifflige Fragen beantwortet, bei denen die Superhirne von „Gefragt – Gejagt" ins Grübeln kommen würden: Wieso, zum Beispiel, hat der Hornhecht grüne Gräten? Weshalb wird der Zander Glasauge genannt? Und welcher Fisch hat giftiges Blut?

Ich habe dieses Buch auch deshalb geschrieben, weil es nichts Nachhaltigeres gibt als seinen selbst gefangenen Fisch zu essen. Und gerade Flossentiere wie Brassen, Güster, Grundeln oder Rotaugen finden in Kochbüchern wenig Beachtung. Zu Unrecht! Sie sind erstens nicht gefährdet und haben zweitens eine perfekte Öko-Bilanz, müssen nicht ge-

füttert, verpackt oder transportiert werden. Und sie wachsen in Freiheit auf. Mehr Bio geht nicht!
Der Deutsche Angelfischerverband setzt bei seiner Kampagne „CATCH & COOK" auf genau diese Karte. „Esst euren eigenen Fisch! Er ist frisch, regional, nachhaltig erzeugt, klimaschonend und wächst artgerecht auf", heißt es auf der Homepage des DAFV.
Und genau das praktizieren wir seit 2011 im NDR-Fernsehen! Und wir garantieren in jeder Sendung: Der von uns gefangene Fisch wird sinnvoll verwertet und frisch zubereitet. Pardon – nicht in jeder. Einmal gab es auch Austern! In Wilhelmshaven. Und einmal Krabben! Bei Horst in Nordfriesland hinterm Deich. Selbst gefangen und gepult, direkt am Angelplatz.
Nur mit dem Salz – meint Horst – bin ich wohl manchmal etwas zu sparsam. Aber lieber zu wenig Salz dran als versalzen. Nachsalzen geht immer …

Also Pfanne raus, der Spaß beginnt!

Guten Appetit wünscht
Heinz Galling

Unterwegs mit Ewald Hellfritz, dem ältesten Strandfischer auf der Insel Usedom

KAPITEL 1
Aus der Tiefkühltruhe

WAS DU ÜBER FRISCHEN FISCH WISSEN SOLLTEST!

Humphrey Bogart lässt grüßen: „Ich seh' dir in die Augen, Kleines." Denn das gilt auch für den Frische-Check beim Fisch: Schau ihm in die Augen! Klar müssen sie sein!

Keine Frage: Der frischeste Fisch ist der, der selbst geangelt oder direkt vom Kutter gekauft wird. Aber nicht jeder kann sich seine Mahlzeit selbst fangen oder hat einen Fischer beziehungsweise Angler in der Nachbarschaft. Die meisten angeln sich den Fisch aus der Gefriertruhe im Supermarkt.

Aber Vorsicht! Schuppenträger sind leicht verderblich. Deshalb ist die Kühlkette ganz entscheidend. Ist die einmal unterbrochen oder gar nicht erst eingeleitet, kann das schlimme gesundheitliche Folgen haben.

Als Angler sollte man gerade in der warmen Jahreszeit immer eine Kühlbox dabeihaben. Hat man die nicht zur Hand, reicht auch ein feuchtes Leinentuch, in das man den Fang einwickelt. Durch die Verdunstungskälte bleibt der Fisch frisch. Auf keinen Fall sollte man ihn bei großer Hitze in eine Plastiktüte legen. Dann ist er gleich für die Tonne. Schon Henriette Davidis schreibt im Klassiker „Praktisches Kochbuch" von 1892: „Die Erkennungszeichen frischer Fische sind folgende: Die Augen und Schuppen müssen klar und glänzend erscheinen, die Kiemen ein lebhaftes Rot und einen frischen Fischgeruch haben; der ganze Fisch muss steif sein." Das hat noch heute Gültigkeit.

Frischer Fisch riecht auch nicht fischig. Eher nach Meer oder neutral. Ein weiteres Indiz für die Frische ist der Drucktest: Einfach mit dem Finger leicht auf die Fischhaut drücken. Bleibt eine Druckstelle, sollte man lieber auf den Genuss verzichten.

Noch ein Tipp in Sachen Einfrieren: Je schneller der Fisch nach dem Fang eingefroren wird, desto länger ist er haltbar. Früher habe ich mit dem Mund die Luft selbst aus dem Gefrierbeutel herausgesogen. Mal abgesehen davon, dass der nächste Kuss etwas nach Dorsch schmeckte, war das nicht gerade appetitlich. Seit einigen Jahren besitze ich einen Vakuumierer – und das findet meine Freundin auch wesentlich besser...

ACHTUNG!

- Kühlkette nicht unterbrechen
- Immer Kühlbox dabeihaben oder feuchtes Leinentuch
- Fang NICHT in eine Plastiktüte legen

Wichtig beim Vakuumieren: den Fisch gründlich säubern und alle Blutreste entfernen. Danach das Tier nochmals trocken tupfen und ab in den Gefrierbeutel. Zur besseren Übersicht klebe ich immer ein kleines Schild mit Datum und Fischart darauf. So ist der Fisch in der Gefriertruhe bei -19 Grad Celsius mindestens ein halbes Jahr haltbar.

Horst Hennings hat mir sogar berichtet, dass er einen beim Schleppangeln vor Rügen gefangenen Wildlachs drei Jahre lang in einer blauen Mülltüte in der Truhe liegen hatte. Als er seinem Nachbarn den Lachs zwecks Hundefutter gegeben hatte, salzte dieser den Fisch und räucherte ihn kalt. Ein paar Tage später sei er wieder zu Horst gekommen, um sich zu bedanken. Er habe niemals einen besseren Räucherlachs gegessen. Der Nachbar lebt übrigens noch.

Vakuumieren

- *Fisch gründlich säubern*
- *Blutreste entfernen*
- *Fisch trocken tupfen*
- *Ab in den Gefrierbeutel*
- *Aufkleber mit Datum darauf*
- *Fisch ist mind. ein halbes Jahr haltbar*

KAPITEL 2

Aus dem Meer und von der küste

13 REZEPTE

Seebrücke Ahlbeck – hier warten flotte Flundern! Dachten wir zumindest …

Auf der einen Seite die raue, salzige Nordsee mit ihren Inseln und Halligen. Auf der anderen Seite die sanfte, ruhigere, fast schon süße Ostsee mit Förden, Inseln, Bodden und Buchten.

Deutschlands Küstengewässer haben anglerisch einiges zu bieten.

Die längste Küstenlinie mit fast 2000 Kilometern hat Mecklenburg-Vorpommern. Hier ist viel Platz für Angler und überall lauern kapitale Fische! Wilde, urwüchsige Strände zwischen Travemünde und Swinemünde mit flachen Sandstränden wechseln sich ab mit steilen Klippen und großen Findlingen. Blasentang und Seegras im flachen Wasser locken Meerforellen und manchmal auch Lachse magisch an. Die brackigen Bodden rund um Rügen sind für einen Meterhecht immer gut. In der Wismarbucht, die auch zu den Küstengewässern gehört, kommt der „Ostsee-Marlin", der Hornhecht, zur Zeit der Rapsblüte in großen Schwärmen dicht an die Küste. Großes Gedränge herrscht an der Kaikante im Rostocker und Wismarer Hafen, wenn im Frühjahr riesige Heringsschwärme in die Hafenbecken ziehen.

Das Beste: Für nur dreißig Euro im Jahr können Anglerinnen und Angler in Mecklenburg-Vorpommern ihrer Leidenschaft nachgehen. Die Küstenangelkarte kann man mittlerweile auch online erwerben – vorausgesetzt, man hat einen gültigen Fischereischein oder eine Touristenangelkarte.

Der Hering ist da! In der Warnow geht immer was.

Bismarckhering

nach Heinzis Art (mit Biss)

Zutaten
(für 6 - 8 Personen)

ca. 600 g Heringsfilet
ca. 200 g Salz
300 ml Kräuteressig
2 EL Zucker
6 – 8 Lorbeerblätter
1 TL Senfkörner
1 TL Wacholderbeeren
1 TL Pimentkörner
1 TL Pfefferkörner
1 Bund Dill
(nur die Spitzen)
2 Gemüsezwiebeln

Zubereitung

Die frisch gefangenen Heringe ausnehmen und in zwei Filethälften filetieren. Anschließend gründlich mit kaltem Wasser abspülen und säubern. Etwa 24 Stunden in einer Salzlake einlegen.

Marinade (für 6 - 8 Personen)

750 ml Wasser
300 ml Kräuteressig (10 %)
6 – 8 Lorbeerblätter
ca. 100 g Zwiebelringe
2 EL Zucker
je 1 TL Senfkörner, Pfefferkörner, Piment, Wacholder
Dillspitzen

Die Zutaten für die Marinade in einen Topf geben, verrühren, kurz aufkochen und dann erkalten lassen.
Nach 24 Stunden die eingelegten Heringe mit der Marinade übergießen und im Anschluss mindestens zwei bis drei Tage im Kühlschrank marinieren lassen. Danach sind die Heringe gut zehn Tage im Kühlschrank haltbar.
Die Silberlappen mit einem Salatblatt, frischen Zwiebeln und Gewürzgurken auf einem knusprigen Brötchen servieren.
Dazu schmeckt ein kühles Bier.

TIPP!

Ein derart zubereiteter Hering kann ein perfektes „Katerfrühstück" sein! Wer es nicht ganz so sauer mag, nimmt etwas weniger Kräuteressig.

Kommentar

meiner Tochter Annkatrin:
„Hmmm, total lecker! Kannst du mir noch ein paar mitgeben? Studenten haben immer Hunger!"

DER HERING

Fisch & Fang-Fakten

Vom Fischer zum Teppichknüpfer

Steckt der Hering in der Klimafalle? Wenn es nach den Forschungsergebnissen der vergangenen Jahre geht: ja!

Die Heringe in der westlichen Ostsee produzieren immer weniger Nachwuchs. Als Folge sind die Fangquoten drastisch gesenkt worden. Einige Fischforscher fordern sogar ein Fangverbot. Das wäre eine Katastrophe für die Küstenfischer.

Fangverbot? Das hatten wir schon einmal: 1928! Und wenn es das nicht gegeben hätte, dann gäbe es auch die legendären Freester Fischerteppiche nicht.

Das kam so: Die Regierung der Weimarer Republik war es, die wegen stark zurückgehender Heringsfänge ein dreijähriges Fangverbot verhängte. Da hatte der clevere Landrat der Hansestadt Greifswald eine Idee: Wer Netze flicken kann, der müsste doch auch Teppiche knüpfen können, dachte sich Werner Kogge.

Er ließ einen Experten kommen. Bald wurden im Fischerdorf Freest Knüpfstühle und Gestelle gebaut. Und nur wenig später entstanden hier die ersten Freester Fischerteppiche, die noch heute deutschlandweit berühmt sind. Mittlerweile kann man einige schöne Exemplare in der örtlichen Heimatstube bestaunen.

Seit März 2023 gehören die „Vorpommerschen Fischerteppiche" zum Deutschen Kulturerbe.

Und wie sieht es aktuell mit den Heringen aus?
Christopher Zimmermann, Leiter des Thünen-Instituts für Ostseefischerei, macht Hoffnung: „Wenn die Entwicklung so weitergeht, könnten sich die Heringsbestände in der westlichen Ostsee in fünf bis sieben Jahren wieder erholt haben."
Es gibt also allererste positive Anzeichen. Nur: Wie wirkt sich das wohl auf die Teppichproduktion aus?

Als Horst mit mir am 3. April 2024 am Nord-Ostsee-Kanal in Kiel die Herings-Saison eröffnen wollte, bewegte sich an unseren Angeln erst einmal nichts. Aber dann, nach einer Stunde, rappelte es richtig. Horst hatte den guten alten „Heintz-Blinker" als Herings-Bleiersatz an sein Paternoster (Haken Größe 14!) gebunden: „Der taumelt so schön nach unten."
Sein größtes Exemplar: 30 Zentimeter (ein Rogner, also ein weiblicher Fisch). Insgesamt fingen wir 35 Fische in einer guten Stunde. Fast alle hatten abgelaicht.

Heintz-Blinker

Er taumelt, er tänzelt und er schlägt Haken im Wasser. Kaum ein Lachs, Hecht oder Huchen kann ihm widerstehen: dem Heintz-Blinker. Der Vater und Namensgeber eines der bekanntesten Angelköder der Welt ist ein Arzt aus München: Dr. Karl Heintz. Ihm kam die Idee 1906 bei einer seiner Angeltouren in Norwegen. Von einem Holzboot aus fischte er mit einem dünnen Blechblinker und fing einen Lachs nach dem anderen. Warum sollte er nicht einen eigenen Blinker entwickeln?

Zurück in München legte er den Arztkittel beiseite und tüftelte an einer neuen Blinkerform. Mit seinem ersten Entwurf ging er zum Angelgerätehersteller Jakob Wieland, der einen Prototypen mit zwei Drillingen anfertigte. Die Geburtsstunde des „Heintz-Blinkers".

Schon beim ersten Testangeln 1907 fing Dr. Karl Heintz zwei große Huchen, auch Donaulachse genannt.

Noch heute wird dieser Blinker in unterschiedlichen Varianten von vielen Herstellern angeboten. Und er fängt und fängt.

Aber es gibt nur ein Original. Die Stanzformen von Hildebrand-Wieland mit der Signatur „Dr. Heintz" sind im Deutschen Jagd- und Fischereimuseum in München zu bestaunen.

Bismarckhering – Das Original kommt aus Stralsund

Bevor ich zu einem meiner Lieblings-Rezepte komme, noch ein kleiner geschichtlicher Exkurs.

Wie der Bismarckhering – ich habe im Frühjahr 2024 in einer Fischgaststätte an der Kieler Förde 5,20 (!) Euro für den sauren Silberlappen bezahlt – zu seinem Namen kam, darum ranken sich viele Legenden. Eine geht auf den Stralsunder Johann Wiechmann zurück. Er war ein großer Verehrer des preußischen Ministerpräsidenten und baldigen Reichskanzlers Otto von Bismarck und schickte ihm ein Fässchen eingelegter Heringe. Bismarck bedankte sich mit einem Schreiben. Nach der Reichsgründung 1871 sandte Wiechmann ein zweites Fass und fragte an, ob er diese Spezialität in Zukunft als „Bismarckhering" verkaufen dürfe. Der Kanzler gab handschriftlich sein Einverständnis. Allerdings ist dieses Schriftstück spurlos verschwunden. Angeblich wurde es bei einem Bombenangriff auf Stralsund am 6. Oktober 1944 vernichtet. Also doch eine Legende? Nein! Auf der Homepage des Stralsunder Fischhandels Henry Rasmus steht Folgendes: „Auch den heutigen Bismarcks schmeckt unser originaler Stralsunder Bismarckhering wohl ebenso gut wie 1871 dem Fürsten Otto von Bismarck, wie eine Urkunde verrät."

Ferdinand Fürst von Bismarck hat am 13. September 2008 anlässlich eines Familientreffens in Friedrichsruh ein Schriftstück verfasst, in dem er bestätigt, dass der Fischhandel Henry Rasmus als Nachfolger von Johann Wiechmann berechtigt ist, die Entstehung des Namens „Bismarckhering" für die Firma zu beanspruchen. „Die Aussicht, dass Sie uns auch auf zukünftigen Familientagen mit Ihren Bismarckheringen verwöhnen wollen, freut uns sehr!"

TIPP!

Rückenflossen-Test: Wenn sich die Rückenflosse leicht herausziehen lässt, ist der Fisch gar.

BRATHERING

„Scharfer Heinz" mit Bratis

Zubereitung

Die Heringe unter kaltem Wasser abspülen, trocken tupfen, mit Salz und Zitronenpfeffer würzen. Anschließend in Mehl wenden und in der erhitzten Pfanne (Holzlöffel-Test: Wenn am trockenen Holzlöffel Bläschen aufsteigen, ist die Pfanne heiß genug) von beiden Seiten ca. 2 bis 3 Minuten goldbraun braten. Achtung aufpassen: Der Fisch brennt schnell an!

Essig und Wasser in einem großen Topf mit den Gewürzen einmal aufkochen. Zwiebeln schneiden und nochmal kurz aufkochen. Dann den Sud erkalten lassen.

Zunächst vier gebratene Heringe in eine große Glasschale legen und mit der Marinade vorsichtig übergießen.

Dann die zweite Lage Heringe drauflegen und mit der restlichen Marinade auffüllen. Wichtig: Die Bratheringe müssen vollständig mit der Marinade bedeckt werden. Jetzt das verschlossene Gefäß für drei Tage in den Kühlschrank stellen. Danach ist der Fisch mit berühmtem Namen fertig. Dazu empfehle ich Bratkartoffeln und Gurkensalat.

Zutaten
(für 4 Personen)

8 Grüne Heringe „aoK"
(ausgenommen ohne Kopf)
Mehl
6 EL Sonnenblumenöl
Salz
Zitronenpfeffer

Für die Marinade:
700 ml Obstessig
700 ml Wasser
2 EL Salz
2 EL Zucker
2 TL Pfefferkörner (schwarz)
1 TL Senfkörner
8 Lorbeerblätter
4 Chilischoten (scharf)
4 Nelken
2 Zwiebeln
4 Wacholderbeeren

Kommentar
meiner Physiotherapeutin, die diesmal Testesserin war:
„Hat mega geschmeckt! Kannst mir gerne wieder welche mitbringen."

TRAVEMÜNDER
Pannfisch

Schnaps, Butter, Sir Irisch Moos. Butterfahrt! Für eine Mark mit der „Alten Liebe" ab auf die Ostsee. So habe ich Travemünde in bester Erinnerung. Festgemacht wurde immer an der Zollstation auf dem Priwall, gleich neben der Viermastbark „Passat", einem der schnellsten Frachtsegler der Welt.

An den Priwall, eine Halbinsel an der Mündung der Trave, denken Horst und ich gerne zurück.

Horst machte hier Anfang der 60er Jahre als 16-Jähriger seine seemännische Ausbildung, und ich verbrachte in den 1970er Jahren meine Sommerferien bei Opa Bruno, Hochseeangeln und besagte Butterfahrten inklusive.

Dorsch gab es noch reichlich. Ich fing schon den ersten in der Trave, bevor „Peter II", ein Hochseeangelkutter, überhaupt abgelegt hatte. Das Schiff befindet sich jetzt im Westhafen von Wismar.

Und genau an der Stelle, an der früher „Peter II" lag, ganz in der Nähe der Bunkerstation, hatten wir für eine Rute raus-Folge über die Trave unsere Brandungsruten in Position gebracht. Während Horst eine Flunder nach der anderen fing, bereitete ich schon mal unser Essen vor: Pannfisch!
Zwei Travemünder, die vom Geruch angelockt wurden, blieben neugierig stehen und beobachteten meine Kochkünste. „Ihr könnt gerne probieren", rief ich ihnen zu. Und das ließen sie sich nicht zweimal sagen. Während Horst eine „Flunder-Doublette" an Land kurbelte, nahmen sie eine Pannfisch-Probe: „Total lecker, vor allem die Senfsauce!" Auch Horst, der in seiner knorrigen nordfriesischen Art immer besonders kritisch ist, war voll des Lobes: „Schmeckt!"

In der Schweriner NDR-Kantine: Fisch-Koch-Woche mit Heinz

Und hier kommt das Rezept:

Zutaten
(für 4 Personen)

ca. 600 g Fischfilet (Seelachs, Schellfisch, Dorsch oder Rotbarsch)
300 ml Sahne
1 EL Crème Fraîche
2 EL Senf (grobkörnig)
2 TL Gemüsebrühe
1 EL Butter
Salz und Zitronenpfeffer
1 EL Mehl

Zubereitung

Fischfilet gründlich unter fließendem Wasser abspülen und trocken tupfen, danach in Portionsstücke schneiden, salzen, pfeffern und in Mehl wenden.
Pfanne mit Butterschmalz erhitzen und die Fischstücke von beiden Seiten ca. 3 bis 4 Minuten goldbraun anbraten. Zum Schluss noch einen Spritzer Zitrone und einen Klacks Butter hineingeben.
Fisch aus der Pfanne nehmen und warm stellen. Einen Esslöffel Mehl im Bratfett der Pfanne anschwitzen und mit der Sahne ablöschen. Das Ganze ca. 3 Minuten köcheln lassen.
2 Teelöffel Gemüsebrühe und den Senf dazugeben und verrühren. Eventuell nachwürzen und mit Zitronensaft abschmecken.
Dann den Fisch zusammen mit den Bratkartoffeln (fehlten bei unseren Dreharbeiten) und der Senfsauce anrichten.
Bier hatten wir auch keins ...

TIPP
vom King:

Finger weg vom Olivenöl! Da sind sich Sternekoch Johannes King (links) und Angelreporter Heinz Galling einig.
Und: „Hände weg vom Mehl! Wir wollen ja nicht Brot backen, sondern Makrelen-Filets braten. Und zwar fast ausschließlich auf der Hautseite.
Ich würze den Fisch grundsätzlich erst, wenn er fast schon fertig ist. Mit ein bisschen Salz und Pfeffer, in unserem Fall natürlich mit Zitronenpfeffer.
Jetzt einen Klacks Butter in die Pfanne geben und einen Spritzer Zitronensaft, und zwar außen um den Fisch herum – nicht auf den Fisch."
Nach ein paar Minuten werden die Filets ganz kurz einmal auf die Fleischseite gedreht, wirklich nur ein paar Sekunden. Dann diese sofort aus der Pfanne nehmen und mit den Kartoffeln anrichten.
Ein wenig von der gesalzenen Butter auf die Stampfkartoffeln geben und diese mit ein paar Spitzen vom Queller garnieren. „Das ist kulinarische Identität." Sagt der „King". Dazu passt ein trockener Weißwein.

SYLTER
Makrele

Von wegen „Kitchen Impossible" – wenn Johannes King den Kochlöffel schwingt, ist fast alles möglich. Dann befinden wir uns in der „Champions League" der Köche. Ich hatte einen Fernsehbeitrag über den Sternekoch gesehen, in dem er beim Makrelen-Angeln vor Sylt gezeigt wurde. Unser Mann: Angler und Spitzenkoch!

Ein kurzer Anruf beim „King" und schon war alles in Butter. Fehlten nur noch die Fische ... Die holten wir uns am Sylter Ellenbogen und im Hörnumer Hafen. „Makrelen-Alarm auf Sylt" – der Titel dieser Folge.
Johannes King, der 2019 vom Gault Millau zum Koch des Jahres gewählt wurde, hatte extra für unsere Sendung ein mobiles Kochstudio auf der Dühne vor dem Söl'ring Hof in Rantum aufgebaut. Wir sorgten für die fangfrischen Makrelen, er hatte das Know-how. Und einen guten Wein ...

Zutaten (für 4 Personen)

4 fangfrische Makrelen
1 Zitrone
Zitronenpfeffer
Salz
Butter
Sonnenblumenöl
400 g Kartoffeln (festkochende)
100 ml Gemüsefond
Essig (Schuss)
4 Zweige Queller

Zubereitung

„Zwei Sterne like" – sagt der King! Also Grätenzange immer griffbereit. Makrelen filetieren. Achtung: Die Karkassen nicht wegwerfen. Die Fischreste können später für einen Fond genutzt werden.

Mit den Fingerkuppen leicht über das Filet streichen. So spürt man die Gräten, die noch im Fleisch stecken. Die werden dann behutsam mit der Grätenzange entfernt. Gräten im Filet – ein No-Go im Restaurant auf dem Söl'ring Hof.

In der Zwischenzeit die gekochten Kartoffeln auf den Herd stellen und den Gemüsefond dazugeben. Mit etwas Salz und Zitronenpfeffer würzen, hinzu kommt ein Schuss Essig. Mit einem Stampfer die Kartoffeln leicht zerdrücken, sodass sie noch stückig sind.

Zum Braten nehmen wir neutrales Sonnenblumenöl. Das ist bis 220 Grad erhitzbar. Kein Olivenöl! Dieses geht geschmacklich ab 150 Grad in die falsche Richtung. Höchstens ganz zum Schluss kann ein Löffelchen über den Fisch gegeben werden.

Butterschmalz eignet sich natürlich auch zum Braten.

Fisch & Fang-Fakten:

Sie kommt im Sommer und niemals allein! Die Makrele gehört zu den schnellen Schwarmfischen aus der Familie der Thunfische. Sie hat keine Schwimmblase. Deshalb muss sie ständig in Bewegung bleiben, um nicht abzusinken.

Im WWF-Fischratgeber steht: „Der Makrelenbestand im Nordostatlantik scheint gesund zu sein!" Das gilt auch für die Nordsee: Wir haben an der Nordspitze auf Sylt mit einem Makrelen-Paternoster, das sind mehrere Haken mit Federbüscheln übereinander, innerhalb einer Stunde rund zwanzig Makrelen gefangen. Die Mahlzeit war also gesichert: Makrelenfilet auf der Haut gebraten – mit Pell- oder Stampfkartoffeln und Salzwiesenkräutern.

Auch vor Helgoland Makrelen satt!

WOLFSBARSCHFILET
mit Stampfkartoffeln und Queller

Bei der Zubereitung dieses Gerichtes konnten wir froh sein, dass uns das Dach des Gartenhäuschens auf Norderney nicht weggeblasen wurde. Noch am Morgen hatten wir bei bestem Wetter Queller im Watt gezupft. Aber die Wettervorhersage verhieß nichts Gutes. Ein Orkantief sollte im Anflug sein.

Bevor es draußen richtig losging, hatte Horst noch geradeso ein paar Frühkartoffeln ausgegraben – und dann nahmen die Dinge im Gartenhäuschen ihren Lauf.

Leckerbissen aus dem Watt: Queller

Zutaten (für 4 Personen)

ca. 1 kg Wolfsbarschfilet
700 g Kartoffeln (mehlig)
100 ml Milch
20 g Butter
1 Muskatnuss
ca. 12 Stangen Queller
Salz
Zitronenpfeffer
Butterschmalz oder Sonnenblumenöl

Zubereitung

Den Wolfsbarsch filetieren, kurz mit kaltem Wasser abspülen, trocken tupfen und portionieren.
Kartoffeln waschen, schälen (je nach Größe halbieren oder vierteln), in einem Kochtopf mit Wasser aufgießen und ½ TL Salz dazugeben. Aufkochen und ca. 20 bis 25 Minuten garen, anschließend abgießen und abdampfen lassen. Einen Schuss Milch und einen Klacks Butter hinzufügen. Mit etwas geriebener Muskatnuss und Salz abschmecken. Dann mithilfe eines Stampfers vermengen, sodass die Kartoffeln noch etwas Biss haben.
Nun eine beschichtete Pfanne mit Sonnenblumenöl oder Butterschmalz erhitzen. Filetstücke auf der Hautseite braten und noch in der Pfanne mit Salz und Zitronenpfeffer würzen.
Zum Schluss noch etwas Butter in die Pfanne geben und den Fisch ganz kurz – wirklich nur ganz kurz! – auf die Hautseite drehen.
Alles sofort anrichten, etwas Bratfett über die Stampfkartoffeln verteilen und sie mit Queller garnieren.
Dazu passt ein trockener Weißwein.

Fisch & Fang-Fakten

Der Wolfsbarsch

Die „Wölfe" kommen im Sommer und ihr Fang erfordert vollen Körpereinsatz. Gemeint sind die Wolfsbarsche, die in der warmen Jahreszeit die Küsten der Ostfriesischen und Nordfriesischen Inseln aufsuchen. Ganz wenige Exemplare des sehr schmackhaften Raubfischs mit festem, weißem Fleisch verirren sich auch mal in die Ostsee.
Die besten Angelplätze sind Buhnen und Hafeneinfahrten. Doch gerade die Buhnen bieten kein leichtes Geläuf, weil sie zum einen rutschig sind und es einem zum anderen bei entsprechender Brandung die Beine wegreißen kann. Selbst ein erfahrener Seebär wie

Horst Hennings ist davor nicht gefeit. Bei unseren Dreharbeiten auf Norderney hatte er eine Sekunde nicht aufgepasst und schwupps, da lag er auch schon. Wenn Horst im Drill ist, kann ihn nichts mehr bremsen. Ich konnte ihn gerade noch mit einem beherzten Griff an der Jacke packen und so verhindern, dass er in die Nordsee gespült wurde. Den etwa zwei Kilo schweren Wolfsbarsch haben wir uns Sekunden später mit Handlandung geschnappt.
In der Verordnung des Rates der Europäischen Union vom 10. Januar 2024 ist festgelegt, dass beim Wolfsbarsch der Fang auf einen Fisch pro Tag und Angler begrenzt werden sollte. Das Mindestmaß bleibt bei 42 Zentimetern, kleinere Exemplare müssen schonend mit nassen Händen wieder zurück ins Wasser gesetzt werden.

Vor der Steilküste bei Boltenhagen: Traumrevier für Meerforellen-Wat-Angeln

VERBUDDELTE
Meerforelle

Die verbuddelte Meerforelle ist die Mecklenburger Variante vom Graved Lachs. Erfunden haben diesen die Skandinavier, um den Fisch so haltbar zu machen. Wortwörtlich heißt dieses Gericht „Eingegrabener Lachs". Und weil bei uns an der Ostseeküste eher eine Meerforelle als ein Lachs an die Angel geht, haben wir dieses Rezept auf der Insel Poel mit einer Meerforelle ausprobiert.
Wichtig: Der Fisch muss nur tief genug (mindestens einen halben Meter) verbuddelt werden, damit Fuchs oder Wildschweine den Braten nicht schon vorher riechen.
Wir hatten uns zu Beginn unserer Dreharbeiten eine Stelle am Weststrand auf Poel ausgeguckt. Horst hatte von seinem Angelkumpel eine ein Kilogramm schwere Meerforelle mitgebracht, die wir – fachgerecht gewürzt – vergruben. Um das Wiederfinden zu erleichtern, war von uns ein nahestehender Baum mit einer kleinen Kerbe markiert worden.

Zweieinhalb Tage später wollten wir den Schatz bergen. Zu unserer Überraschung lag eine sehr leicht bekleidete junge Dame fast direkt auf der Meerforelle.
„Könnten Sie bitte ein kleines Stückchen zur Seite gehen? – Wir suchen da was!" Da wir ein Kamerateam im Schlepptau hatten, war klar, dass wir es ernst meinten. Nachdem die Angesprochene kopfschüttelnd zwanzig Meter neben uns wieder Platz genommen hatte, begannen wir mit den Ausgrabungen. Und tatsächlich: Kurze Zeit später war die „Graved Forelle" exhumiert. Und nicht viel später konnte Horst feststellen: „Sehr lecker! Hätte ich nicht gedacht, Heinz. Und ganz schön salzig ...".

Zubereitung

Wacholderbeeren und Pfefferkörner mit einem Mörser etwas anstößeln (am Strand geht auch ein Stein mit einer kleinen Kuhle) und zusammen mit dem Zucker-Salz-Gemisch in eine Schale geben.
Dill klein hacken (nicht waschen! Sonst verliert er viel von seinem Aroma). Zitronenschale mit einem Sparschäler abschälen, klein hacken und mit dem Inhalt aus der Schale vermengen
Anschließend das Gemisch auf der Fleischseite des Filets verteilen.
Die Filethälften wie ein Sandwich aufeinanderlegen, dann mit mehreren Lagen Butterbrotpapier einwickeln und in einen Jutebeutel legen.
Das „Paket" ca. 40 Zentimeter tief am Strand vergraben, Stein drauflegen! Stelle merken! (GPS) Und frühestens nach zwei Tagen wieder ausgraben!
Vor dem Servieren die Beize abgießen und die Graved Meerforelle etwas trocken tupfen.
Diese Zubereitung funktioniert auch im Kühlschrank. Hier packt man das Paket in eine Schale und beschwert es mit einem Ziegelstein. Den Behälter etwas schräg stellen, damit die Beize ablaufen kann. Nach drei Tagen steht dem Gaumenschmaus nichts mehr im Wege.

Die Meerforelle, der Fisch der 1000 Würfe. Gefangen mit meinem Lieblingsblinker: Snaps rot-schwarz!

Zutaten
(für 4 Personen)

ca. 1 kg Meerforelle
3 EL Zucker
3 EL Salz
1 Zitrone
1 Bund Dill
1 EL Wacholderbeeren
1 TL Pfefferkörner

Nicht vergessen:
Backpapier,
Butterbrotpapier
Spaten
Jutebeutel

Hornhecht-Angeln auf der Seebrücke von Bansin, Insel Usedom

FUN FACT

Warum hat der Hornhecht grüne Gräten? Die Lösung heißt Biliverdin – ein grünes Abbauprodukt des roten Blutfarbstoffs Hämoglobin, das sich in den Fischknochen ablagert. Deshalb schimmern die Gräten des Hornhechtes blau-grün.

Es gibt auch einen anderen Fisch, der grüne Gräten hat: die Aalmutter. Dieses aalähnliche Tier, das an unseren Küsten lebt, bringt bis zu 400 lebende Junge zur Welt. Daher die Bezeichnung Aalmutter.

Grün trifft Grün –

HORNHECHT *an Spargel*

Zu DDR-Zeiten wurde er auch „Arbeiter-Aal" genannt, der Ostsee-Marlin, der Schwertfisch des kleinen Mannes. Der Hornfisch oder Hornhecht hat viele Namen und kann an der Ostseeküste im Frühjahr und im Sommer gefangen werden.

Bei unseren Dreharbeiten im Frühjahr 2024 in der Wismarbucht kamen die Hornhechte recht zögerlich in Küstennähe. Obwohl der Raps schon in voller Blüte stand, fingen wir nur vier große Exemplare in zwei Tagen. Für das Fischgericht reichte es.
Zum Kochfinale hatten wir uns bei der DGzRS (Deutschen Gesellschaft zur Rettung Schiffbrüchiger) in Timmendorf auf der Insel Poel angemeldet. Tom Lietz, Vormann vom Seenotrettungsboot „Wolfgang Wiese", stand schon ungeduldig in der Tür, als wir kamen. Den Gasgrill der Rettungsstation hatte er bereits für uns einsatzbereit gemacht. Am Hafen herrschte am 1. Mai 2024 reger Stranddurchgangsbetrieb. Kein Wunder: Traumwetter und 24 Grad.
Zuvor hatten wir in Beckerwitz an der Wohlenberger Wiek eine Handvoll Salzmiere (Strandportulak) am Strand gesammelt und die Stängel vorsichtig mit der Schere abgeschnitten. Salzmiere ist sehr Vitamin C- und A-haltig – und ein echter Eye-Catcher auf unserem weißen Teller.
Während der Zubereitung am Timmendorfer Hafen blieben immer mehr Menschen stehen und schauten neugierig zu. So entwickelte sich die Arbeit an unserem Fischgericht zu einer öffentlichen Koch-Show. Und am Ende gab es sogar Szenenapplaus. Ich kam mir vor wie Steffen Henssler. Nur diesmal war es „Gallings schnelle Nummer". Ratzfatz! In nur 22 Minuten war unser Fischgericht fertig. Ich habe selbst mitgestoppt.

Alte Anglerregel

Alte Anglerregel: Wenn der Raps blüht, kommt der Hornhecht an die Küste. Also Rute raus! Gefangen wird er mit schlanken Blinkern oder an der Posen-Montage mit Fischfetzen. Einige Angler schwören auch auf Rindfleisch als Köder. Ich selbst hatte in den Untiefen meines Kühlschrankes noch eine Packung Garnelen gefunden (seit zwei Jahren abgelaufen!), die sich vor Kap Arkona dann als der Top-Köder erwiesen. Jeder Wurf ein Biss! Marten, Hacki und Horst sind meine Zeugen.

Vormann Tom Lietz bekam für seine Unterstützung einen extra großen Teller. Sein Kommentar: „Einen besseren Hornhecht habe ich noch nie gegessen!"

Zutaten
(für 4 Personen)

2 Hornhechte
(mittelgroß, ca. 60 cm)
500 g frischer Spargel (grün)
Salz
Zitronenpfeffer
Butterschmalz
Salzmiere, Dill

TIPP!

Als kleinen Hingucker zwei, drei Zweige Salzmiere hinzufügen (gibt es auch an der Ostseeküste). Am besten schmecken die jungen Sprossen der „Gurke des Strandes", wenn der Raps blüht zur Hornhechtzeit. Auf Island wird die Salzmiere in Molke eingelegt und zu Likör vergoren.

Zubereitung

Das Filetieren von Hornhechten erfordert Fingerspitzengefühl, gute Augen, eine Gabel und ein scharfes Messer. Zunächst werden die Fische entschuppt und ausgenommen, dann in zwei Stücke entlang der Mittelgräte geteilt. Die Karkasse nicht wegwerfen. Die kann sehr gut für einen Fischfond benutzt werden.

Jetzt kommt die Gabel ins Spiel: Wir fixieren mit ihr das Filet am oberen Ende und schneiden vorsichtig die Bauchgräten heraus.

Nun wird es filigran: Die in der Mitte des Filets steckenden grünen Gräten werden mit einem V-Schnitt vorsichtig entfernt. Wenn man Glück hat, bekommt man so völlig grätenfreie Filets. Diese werden jetzt in zwei bis drei Portionsstücke geteilt.

Anschließend sind die Pfannen vorzubereiten. Butterschmalz hineingeben und nach dem Holzlöffeltest die Hornhecht-Filets mit der Hautseite in die Pfanne legen. Erst jetzt werden sie mit etwas Salz und Zitronenpfeffer gewürzt. Nach zwei bis drei Minuten einen Klacks Butter hinzufügen und einmal ganz kurz die Fleischseite anbraten. Um den Fisch herum kommen ein paar Spritzer Zitrone.

Parallel dazu wird der grüne Spargel nicht im Wasser gekocht, sondern nur an den Enden etwas geschält und dann im Butterschmalz gebraten. Ihn nun mit Zitronenpfeffer und Salz würzen, mehrfach wenden, bis er knusprige Farbe bekommt, und schließlich zusammen mit den Hornhecht-Filets und einer Dill-Hollandaise angerichtet werden kann.

Voila! Hornhechtfilet mit Grünem Spargel und Salzmiere

OMA MARTHAS
„Mecklenburg-Vorpommersche“ Fischsuppe

Diese Fischsuppe haben wir Oma Martha und der perfekten Revierkenntnis von Stephan „Hacki" Hackbarth zu verdanken. Bei unseren Dreharbeiten mit dem Rostocker Rapper Marteria, der mit bürgerlichem Namen Marten Laciny heißt, hatten wir neben Hechtangeln auf den Jasmunder Bodden auch Bootsangeln vor Kap Arkona auf dem Drehplan.
Ziel war es, Dorsche und Hornhechte zu fangen, die wir später als Fischsuppe und als Ceviche (Spezialität von Marten) zubereiten wollten.

Martens Medizin: Angeln!

Als Marteria hüpft er in wilder Extase auf der Bühne herum, aber als Horst und ich Marten bei unseren Dreharbeiten besuchen, lernen wir ihn von einer ganz anderen Seite kennen: als leidenschaftlichen Angler, Hobbykoch und Naturmenschen. Einer, der bei seinen Konzerten vor 30000 Fans eine gigantische laute Show abzieht, sucht auf Rügen Entspannung im Wald und auf dem Wasser, zwischen Krausen Glucken und glatten Aalen.
„Wenn du einen stressigen Alltag hast, fährst du mit dem Boot raus – und nach drei Minuten ist alles vergessen."
Angeln als Therapie? Warum nicht! In England wird genau das wissenschaftlich untersucht. Vielleicht gibt es ja demnächst Karpfenangeln auf Rezept.
Für Marten jedenfalls ist das Angeln jetzt schon Medizin. Aufgewachsen im Rostocker Stadtteil Groß Klein, ganz in der Nähe der Warnow, ist er bereits als kleiner Steppke mit seinem Vater zum Angeln losgezogen. „Das liegt in der DNA eines Rostocker Jungen. Mein Opa war Fischer,

mein Vater Seemann und mit meinem Bruder war ich auch an der Warnow unterwegs, auf Hecht und Barsch."
Angeln als Mission. Fast schon eine Besessenheit wie die des Fischers Santiago in Ernest Hemingways Novelle „Der alte Mann und das Meer". Vielleicht wollte Marten auch deshalb diesen einen besonderen Fisch: den Blue Marlin. „Ich bin um die ganze Welt gereist, um ihn zu fangen. In Ocho Rios auf Jamaika hat es dann geklappt!"
Und Marten hat ihm sogar ein Lied gewidmet. In der letzten Strophe heißt es:

„Blue Marlin, hab dich mein Leben lang gesucht.
Dachte schon die Ozeane sind verflucht.
Blue Marlin, und du schenkst mir diesen Tag.
Leg eine Rose ab auf Hemingways Grab."

Ein Tag als Geschenk und das Datum auf die Wade tätowiert. Tage, die ein Angler nie vergisst.
Ein Präparat des 3,04 Meter langen Marlins hängt bei Marten in seinem Hechtclub auf Rügen.

Als Horst, ich und Kameramann Karsten David uns direkt unter dem Marlin auf dem Sofa im Hechtclub hingelümmelt haben, lernen wir einen sehr privaten, heimatverbundenen Marten kennen. Auch sein Vater Siggi ist mit dabei. „Der wichtigste Fisch für mich ist der Hecht", sagt Marten und reicht uns noch eine Dose Bier rüber.

Marten ist ein Mann mit vielen Talenten: Er hätte Fußballprofi beim F.C. Hansa Rostock werden können, war Model in New York, hat in Berlin eine Ausbildung zum Schauspieler gemacht und ist einer der bekanntesten Rapper Deutschlands. Sein Weg: nicht gradlinig, wie er es auch in einem seiner Lieder beschreibt. Immer von Level zu Level.

Als wir am nächsten Tag im Yachthafen von Glowe mit seinem Freund Stephan „Hacki" Hackbarth drei Fischgerichte zubereiten, kommt noch ein weiteres Talent zum Tragen: Marten ist begeisterter Hobbykoch. Und Ceviche eines seiner Lieblingsgerichte.

Beim Essen wird Marten plötzlich wieder zu Marteria. Es ist „unser" Lied:

„Auf Rügen macht das Leben Sinn,
Rute raus, der Spaß beginnt.
Im Glower Hafen springt der Lachs,
der Brandungsangler ext den Schnaps,
der Kreidefelsen wird ganz bleich,
weil hier oft der Hering laicht.
Nie war ich dem Leben so nah,
wie beim Sonnenuntergang vor Kap Arkona."

Und beim Blick in seine blauen Augen wird klar, wie ernst er das meint. Heimat, Ostsee, Freunde und Angeln. Me(h)er geht nicht.

Zubereitung

Petersilienwurzel und Suppengemüse klein schneiden und kurz anschwitzen, dann die Lorbeerblätter und einen Esslöffel Piment hinzufügen, mit reichlich Weißwein ablöschen und ziehen lassen.

Jetzt die Karkassen dazugeben und das Ganze mit Wasser aufgießen. Etwa zwei bis drei Stunden köcheln lassen (bei unseren Dreharbeiten war es aus Zeitgründen etwas weniger, das geht auch). Danach alles in einen anderen Topf über einem Sieb abgießen.

Mit Salz, Zitronenpfeffer und Chilipulver abschmecken. Wer mag, gibt einen Schuss Pernod dazu (das findet sich aber nicht im Original-Rezept von Oma Martha).

Jetzt das Gemüse (Paprika, Petersilienwurzel, Möhren, Lauch) in kleine Streifen schneiden (Julienne) und gemeinsam mit dem klein gehackten Dill und einer Flocke Butter dazugeben. Einmal aufkochen lassen und mit einem Schuss Sahne verfeinern.

Schließlich das Dorschfilet in kleine Häppchen schneiden und auf die Suppenteller verteilen. Den heißen Fischfond darüber gießen und dann noch zwei bis drei Minuten ziehen lassen – fertig!

Zutaten
(für 4 Personen)

ca. 800 g Dorschfilet (Achtung! Die Karkasse nicht wegwerfen. Wir benötigen sie für den Fond!)
Petersilienwurzel
Suppengemüse (Möhren, Porree, Lauch)
8 Lorbeerblätter
1 EL Piment
1 Bund Dill
1 Paprika
50 ml Sahne
Weißwein (Schuss!)
Grauburgunder
Salz und Zitronenpfeffer
Sonnenblumenöl
1 EL Butter

TIPP!

Die Fischsuppe ist übrigens im Kühlschrank gut zwei Tage haltbar (selbst ausprobiert!). Vorausgesetzt, es wurde frischer Fisch verwendet.

Heinz und Horst nach der Erstbesteigung des Siebenschneidersteins über die gefährliche Nordroute, Insel Rügen

Erst passierte fast fünf Stunden nichts, dann gab es Alarm – und dann musste Heinz alle Kräfte zusammennehmen.

Lachs-Gigant im Nebel

Mitten auf der Ostsee, irgendwo zwischen Kap Arkona und Dänemark. Dichter Nebel, Windstille, null Grad. In der Ferne das ständige Tuten eines Nebelhornes. Unheimlich. Wir haben AIS an Bord. Das ist bei solch einer Wetterlage überlebenswichtig. Ein automatisches Identifikationssystem, das uns anzeigt, welche Schiffe in welcher Entfernung in unserer Nähe sind. Auf dem Kartenplotter werden Position, Geschwindigkeit, Fahrtrichtung und selbst der Name des Fahrzeugs angezeigt. Und auch die anderen Schiffe können uns so orten.

Wir sind an Bord bei Guido Jubelt, der geführte Angeltouren auf Lachs und Meerforelle anbietet. Horst war schon einige Male mit ihm unterwegs. Ein Wildlachs – das wäre jetzt ein Traum! Mehr als die Hälfte dieser Fische in der Ostsee kommen aus dem Tornionjoki, einem 410 Kilometer langen Fluss in Lappland. Hier hat das Schleppangeln auf Lachs von Ruderbooten Tradition.

Dem Mecklenburger Fischer Werner Loch und seinem Kollegen Walter Pietzak aus Bützow gingen 2015 gleich 13 Atlantische Lachse in die Reusen. Zufall, sagen die Wissenschaftler. Und sie vermuten, dass es Irrläufer waren, die wahrscheinlich Heringsschwärmen gefolgt sind. Es bleibt ein Rätsel.

Zurück an Bord bei Guido. Wir sind schon einige Stunden unterwegs – in Schleichfahrt. Schleppangeln. Langsam werden mehrere Köder – meist Blinker – in einiger Entfernung und in unterschiedlichen Tiefen hinter dem Boot hergezogen. Die Ruten sind krumm wie ein Flitzbogen. Der Blick von Horst ist starr auf die Rutenspitze gerichtet. Wann ertönt endlich das ersehnte Surren – das Signal, dass ein Fisch angebissen hat und Schnur abzieht? Musik in den Ohren der Lachsangler. Dann muss blitzschnell die Rute gegriffen und der Fisch gedrillt werden.

Fast fünf Stunden Totenstille. Dann plötzlich: Surrrrr!!!!! Alarm an Bord. Wir hatten vorher ausgeknobelt, dass ich mir die Rute greifen darf.

Hektik! „Der nimmt Schnur! Ganz ruhig Heinz!" Guido Jubelt gibt Anweisungen und Horst holt die übrigen Angeln ein, damit sich nichts vertüdelt und der Fisch verloren geht. Jeder Handgriff sitzt. Routine. Erfahrung aus hunderten Angeltouren auf Lachs und Dorsch.

Nach einer halben Stunde zeigt sich der Gigant an der Wasseroberfläche. Ein prächtiger Lachs! Locker größer als ein Meter. Jetzt muss ich den Fisch vom Vorderdeck rückwärtsgehend an der Reling entlang ans Heck dirigieren, damit Guido ihn dort keschern kann. „Rute hoch, Heinz! Jetzt!" Mit einem gekonnten Schwung schiebt Guido den großen Bootskescher unter den Lachs und hebt ihn an Bord. Zing! „Was ist denn das?" Der Kescher ist gerissen. Zum Glück hatten wir den Lachs schon an Bord. Wir atmen auf! Wir liegen uns in den Armen. Jubel an Bord bei Jubelt.

Stolz präsentiere ich mit Horst gemeinsam den „Lachs-Löwen". Ein Meter und acht. Bei der Aktion „Größter Fisch des Jahres 2021" des Landesanglerverbandes MV sollte das Platz 1 in der Kategorie Lachs werden.

Und dieser Lachs war „geclipt". Das heißt: Die Fettflosse wurde ihm im Jugendstadium abgeschnitten. 2024 hätte ich ihn auch mitnehmen dürfen. Einen Wildlachs nicht: „Lachsfang ist verboten, ausgenommen 1 Lachs/Tag, welcher im Jugendstadium durch Fettflossenschnitt gekennzeichnet wurde", heißt es auf der Küstenangelkarte.

Lachs
Sous Vide

Der Ostsee-Lachs

Ist eine Unterart des Atlantischen Lachses und hat deutlich helleres Fleisch, da er sich überwiegend von Heringen, Sprotten und Brislingen ernährt.

Zutaten (für 4 Personen)

800 g Lachsfilet
500 g Kartoffeln
60 g Butter
1 Muskatnuss
Salz und Zitronenpfeffer
Butterschmalz

Zubereitung

Lachs filetieren, abspülen, trocken tupfen und in ungefähr 200 Gramm Portionen vakuumieren.
Wasserbad in einem Topf vorbereiten, die Temperatur sollte ca. 80 Grad betragen, das Wasser darf nicht kochen!
Filets langsam etwa 10 bis 15 Minuten im Wasserbad garen lassen
Folie aufschneiden, Filets leicht abtupfen, mit Salz sowie Zitronenpfeffer würzen und kurz in der Pfanne mit Butterschmalz anbraten, damit der Fisch noch leckere Röstaromen bekommt.
Parallel dazu den Kartoffelstampf vorbereiten (stückig).
Einen Klacks Butter, einen Schuss Milch, etwas Salz und eine Prise Muskatnuss hinzugeben und abschmecken.
Dazu einen trockenen Weißwein.

„Flotte Flundern auf Usedom"

Flunder gibt es immer wieder! Aber eine zu fangen, ist auf Usedom gar nicht so leicht. Auf der neuen wellenförmigen Seebrücke in Koserow klappte es jedoch auf Anhieb und wir ernteten sogar Beifall von der Tribüne des Sonnenaufgangskinos. Standing Ovations beim Angeln. Das hatten wir noch nie. Ich fing sogar eine Flunder-Doublette und Horst noch einen Aal. Ein perfekter Auftakt unserer Dreharbeiten auf Usedom – und das Fischgericht war schon gesichert.

Einen Tag später waren wir beim Fischsommelier André Domke angemeldet. Mit ihm hatte ich vorher telefoniert und er wollte sich ein besonderes Rezept für uns ausdenken.

Flunderfilet
à la Strindberg

von André Domke

Zutaten (für 4 Personen)

Filets von 4 Ostseeflundern
Mehl
Rapsöl
2 Eier
1 EL Butter

Zubereitung

Flundern filetieren, unter kaltem Wasser abspülen, trocken tupfen – und ab geht es auf die Panierstraße: Filets zunächst im Mehl wenden, dann durch die Strindberg-Marinade ziehen und zuletzt ins verquirlte Ei. Danach die Fische vorsichtig in die vorgewärmte Pfanne legen. Nach einer Minute die Filets wenden und einen Klacks Butter in die Pfanne geben. Johannes King lässt grüßen. Bratzeit insgesamt ca. 2 Minuten. Zu den Flundern gibt es bei André Domke Bratkartoffeln, Gurkensalat und ein kühles Bier.

Marinade
(für 4 Personen)

2 EL Senf
2 EL Sanddorn-Sahne
Meerrettich
1 EL Lavendelhonig
½ kleine Zwiebel (fein gewürfelt)
1 Bund Lauchzwiebeln (klein geschnitten)
1 Zitrone
Meersalz
Zitronenpfeffer

Schollen-Schwemme!

Mein lieber Scholli ... so viele Flachmänner hatten wir schon lange nicht mehr! Nach Angaben des Rostocker Thünen-Instituts für Ostseefischerei ist der Schollen-Bestand im Jahr 2024 historisch hoch. Ob es daran liegt, dass die Bestände des Dorsches so stark zurückgegangen sind? Schollen stehen häufig auf deren Speisekarte.

Und wie verhält es sich eigentlich mit der legendären „Mai-Scholle"? „Alles Quatsch", sagt Horst Hennings. „Die Mai-Scholle ist total mager und platt, weil sie gerade abgelaicht hat. Die angebliche Mai-Scholle haben die Fischer im November gefangen!" Also alles nur ein Verkaufsname?

Ich habe gemeinsam mit Horst im April 2024 von der Seebrücke in Zingst Schollen, Flundern und Kliesschen satt gefangen. Aber so richtig satt hätten sie uns nicht gemacht. Die Klieschen waren so dünn, dass ich durch sie hindurch Horst an der Spitze der Seebrücke in zehn Meter Entfernung sehen konnte. Sie waren so platt, dass man sie bequem unter einer Tür hätte durchschieben können.

Deshalb: Lieber ein paar Monate warten, bis die Platten etwas mehr Fleisch auf den Gräten haben. Im Spätsommer und Herbst lohnt sich das Angeln. Dann hat man zugleich gute Chancen auf Steinbutt, der auch immer häufiger in der Ostsee gefangen wird. Eine Delikatesse!

Sommer-Scholle
mit Frühkartoffeln

Zubereitung

Kartoffeln schrubben und in kochendem Salzwasser ca. 20 Minuten garen. Möhren in wenig Salzwasser ca. 15 Minuten garen, die letzten Minuten Lauchzwiebeln mitkochen. Von den Schollen Schwanz, Kopf und den Flossensaum mit einer Fischschere abschneiden. Den restlichen Fisch mit kaltem Wasser abspülen, trocken tupfen, mit Zitronensaft beträufeln, salzen, pfeffern und danach in Mehl wenden.

Pfanne mit Butterschmalz erhitzen (Holzlöffeltest) und die Schollen von jeder Seite etwa zwei Minuten goldbraun anbraten. Schließlich mit Dill und Zitrone anrichten.

Zutaten
(für 4 Personen)

4 Schollen (küchenfertig)
500 g Frühkartoffeln
400 g junge Möhren
2 Lauchzwiebeln
Zitronenpfeffer
Butterschmalz
1 Zitrone
1 Bund Dill
Mehl

Der Schleswig-Holsteiner Michael Eisele hält mit einem Dorsch von 1,60 Meter Länge den Weltrekord: Er fing den 47 Kilogramm schweren Fisch am 1. Mai 2013 vor der insel Soröya (Norwegen). Man kann das kapitale Tier im Museum in Bergen bestaunen.

Das Dorsch-Dilemma

Der Fisch des Jahres 2024 taumelt auf der Intensivstation! Jahrelange Überfischung, Überdüngung der Meere, massive Blaualgen in der östlichen Ostsee und Grundschleppnetzfischerei sind nur einige Ursachen, die zu einer starken Abnahme der Bestände in der Ostsee geführt haben. Aber keine Angst: Vom Aussterben ist der Dorsch hier noch weit entfernt. Noch ...

Zum Glück sorgen die Naturgewalten gelegentlich dafür, dass es den Ostseeleoparden besser geht. Das Sturmtief „Zoltan" zum Beispiel hat im Dezember 2023 viel sauerstoffhaltiges Salzwasser in die Ostsee gedrückt. Allerdings reicht das für eine "Dorsch-Reha" noch nicht.

Uwe Krumme vom Rostocker Thünen-Institut für Ostseefischerei sieht im Klimawandel und in der zunehmenden Eutrophierung die Hauptgründe für den Rückgang der Dorsch-Bestände in der westlichen Ostsee: „Die Lösung für die Probleme im Meer liegt jedoch an Land!"

Die Dorsche werden immer dünner, weil sie in die Sommerzange geraten. In dieser Jahreszeit steigen die Zonen ohne Sauerstoff nach oben und die warmen Wasserschichten sinken nach unten. Weil der Dorsch warmes Wasser nicht mag und atmen will, gerät er genau in dieser sauerstoffarmen Zwischenschicht unter Stress: in die besagte Sommerzange. Und das führt zu kaum überlebensfähigem Nachwuchs.

Um die Bestände zu schonen, wurde ab dem 1. Januar 2024 das Entnehmen von Dorschen in der westlichen Ostsee zunächst verboten. Das gilt für die Küstengewässer. In Binnengewässern, zum Beispiel im Nord-Ostsee-Kanal, darf der Dorsch gefangen werden, bei einem Mindestmaß von 35 Zentimetern. Das Wort *Fangverbot* führt in die Irre. Schließlich kann man ja keinen Zettel unten am Köder anbringen: „Dorsch bitte weiterschwimmen!" Beim Brandungsangeln auf Scholle und Flunder lässt es sich gar nicht vermeiden, auch mal einen Dorsch zu fangen. Nur mitnehmen darf man ihn dann nicht. Es gibt folglich ein *Entnahmeverbot*: „… zufällig gefangene Dorsche sind unverzüglich in das Gewässer zurückzusetzen", lautete es unmissverständlich auf der Küstenangelkarte für Mecklenburg-Vorpommern des Jahres 2024.

Kieler *Kochdorsch*

Wir mussten abwettern! Hackwetter in der Kieler Bucht. Windstärke fünf bis sechs. Unsere Wrack-Dorsche hatten also noch einen Tag Schonzeit.
Auch für uns war der Sturm ein Glück, denn wir machten aus der Not eine Tugend und angelten uns in der Kieler Förde ein paar Ostseeleoparden und sogar einen Wittling.
Die Fische wurden noch am selben Abend im Yachthafen von Laboe zubereitet. André Rossat, ein guter

Freund von Horst, der uns auf der Angeltour begleitete, hatte dort sein Boot liegen.
André hat mit Horst schon so manche Angelabenteuer erlebt. 2007 fing er vor Island einen der größten Heilbutte aller Zeiten. 175 Kilogramm, 2,40 Meter lang. Sogar das isländische Fernsehen berichtete darüber.
Aber zurück zum Kochdorsch, den wollten wir nämlich zubereiten. In der Kombüse von André. Die Aufgaben waren wie immer klar verteilt: Ich war Smutje und Horst mein Backschafter.

Zubereitung

Wasser in einem großen Topf zusammen mit den Gewürzen aufkochen lassen und salzen (1 EL).
Die portionierten Dorsch-Filets (oder Stücke) dazugeben. Achtung: Das Wasser darf nicht mehr kochen. Den Dorsch bei sehr geringer Hitze nur noch ca. 8 Minuten ziehen lassen (die Zeit ist abhängig von der Größe der Stücke).
Die geschälten Kartoffeln in Salzwasser etwa 20 Minuten gar kochen.
Für die Senfsauce etwa 100 Milliliter von dem Fischfond nehmen und daraus eine Mehlschwitze aus Butter und Mehl herstellen. Den Senf dazugeben und das Ganze mit Salz und Zitronenpfeffer abschmecken. Einen Spritzer Zitronensaft als Zugabe.
Wir haben uns den Kochdorsch mit einem gut gekühlten Bier an Bord der „Iceland" im Yachthafen von Laboe schmecken lassen. Mir war auch klar, weshalb das Boot diesen Namen trägt.
Am nächsten Tag ging es dann auf die Wrack-Dorsche.

Zutaten
(für 4 Personen)

ca. 1 kg Dorsch- und Wittlingfilet
ca. 4 Liter Wasser
400 g Kartoffeln
1 EL Senf (mittelscharf)
1 Zwiebel (groß)
1 TL Pfefferkörner
1 TL Pimentkörner
6– 8 Lorbeerblätter
1 Zitrone
1 EL Butter und Mehl
1 EL Salz
1 Prise Zitronenpfeffer

Zu Omas Zeiten

Früher, in den 1960er Jahren, haben wir bei meiner Oma Lisbeth in Lübeck immer den ganzen ausgenommenen Dorsch (samt Kopf) in drei bis vier Stücke geteilt und im Salzwasser ziehen lassen. Als Beilage gab es Kartoffeln, Meerrettich und zerlassene Butter.
Ich kann mich noch gut daran erinnern, wie mich die Dorschaugen aus dem Topf angeschaut haben.

Zitronen-
Pfeffer

Ceviche
vom Dorschfilet

Nach einer Variante von Marten Laciny alias Marteria.

Wie wichtig den Peruanern ihr Nationalgericht ist, wird daran deutlich, dass Ceviche sogar mit einem Feiertag gewürdigt wird. Am 28. Juni ist alljährlich der internationale Ceviche-Tag im Andenstaat.

Wir haben es bei unseren Dreharbeiten auf Rügen genau wie die Peruaner gemacht: Der Fisch, den wir frühmorgens frisch gefangen haben, wird um die Mittagszeit gegessen. Roh! Hauptzutaten: Fischfilet, Limetten, Koriander, Zwiebeln, Pfeffer und Salz. Angeblich soll dieses Gericht schon vor mehr als zweitausend Jahren an der Pazifikküste zubereitet worden sein.

Ich habe in der Cevicheria im Berliner Stadtteil Kreuzberg das peruanische Nationalgericht probiert. Dort gab es sogar „Ceviche vegano". Mir war es eher nach dem Ceviche de pescado. Grandios! Die Peruaner können es halt.

Marten aber auch! Schließlich ist er schon häufig in Südamerika gewesen und hat dort Fisch auf sehr unterschiedliche Art zubereitet: „Kolumbien, Mexiko, Peru. Überall gibt es Ceviche. Am wichtigsten sind frischer Fisch, Limettensaft und Koriander. Und wer keinen Koriander mag, nimmt halt etwas anderes Grünes. Petersilie zum Beispiel!"

Wir haben dieses Gericht intensiv in seinem legendären „Hechtclub" auf Rügen ausgewertet. Zu später Stunde, wenn die Angelgeschichten immer verrückter, die Fische immer größer und die Stimmung immer besser wird, kommen die besten Ideen zustande. In so einer Nacht ist auch der ganz besondere Zitronenpfeffer entstanden. Ein Fischgericht ohne ihn – undenkbar.

Zutaten
(für 4 Personen)

400 g Dorschfilet
3 Limetten
1 Zwiebel (rot)
1 Birne
1 Chilischote
1 Bund Koriander
ca. 100 g Mandarinen (Dose)
Zitronenpfeffer, Salz

Zubereitung

Dorsch filetieren, kalt abspülen, in kleine, ca. einen Zentimeter große Würfel schneiden und in eine Schüssel geben.

Anschließend die Limetten halbieren und über den Fischwürfeln auspressen.

Koriander waschen, Blätter abzupfen. Zwiebel in hauchdünne Scheiben schneiden. Chilischote entkernen und in kleine Ringe schneiden. Birne klein hacken.

Sämtliche Zutaten mit den Mandarinen zum Fisch dazugeben und unterheben. Mit Pfeffer und Salz abschmecken.

Wenn möglich ca. eine Stunde kaltstellen und ziehen lassen. Am besten im Kühlschrank, eine Kühlbox geht aber auch.

Dazu Baguette servieren und Bier – oder, wenn vorhanden, Pisco Sour! Letzteren trinkt man nämlich in Peru.

KAPITEL 3

Aus Flüssen und Seen

17 REZEPTE

Heinzis Hechthappen

mit Dill-Sauce und Spargel

Einmal mit dem König der Berge gemeinsam am Tisch sitzen. – In der NDR-Talkshow ging dieser Traum in Erfüllung. Ich war dort Gast. Und weil ich wusste, dass Reinhold Messner in seiner Jugend auch geangelt hat, habe ich es mir nicht nehmen lassen, eine kleine Kostprobe meiner frisch gefangenen Hechte mitzubringen: Hechthappen! Die Bergsteigerlegende war begeistert.

Der große Vorteil dieser Zubereitungsweise: Durch die Zerkleinerung der Hechtfilets im Fleischwolf gibt es keinerlei Probleme mit den gemeinen Y-Gräten, die im Fleisch stecken und so manchen Angler davon abhalten, diesen Fisch mit Genuss zu essen.

Zutaten (für 4 Personen)

ca. 1 kg Hechtfilets
1 Zwiebel
1 Bund Petersilie
1 Ei
2 Kartoffeln
1 Bund Dill
Sauce Hollandaise
500 g Spargel
Salz
Zitronenpfeffer
Butterschmalz

Zubereitung

Die Hechtfilets (ohne Haut! Sonst verstopft der Fleischwolf) in schmale Streifen schneiden und durch den Fleischwolf drehen. Auch die Kartoffeln, die Petersilie und die Zwiebel müssen durch das Gerät.

Eigelb dazugeben. Wer Probleme hat mit dem Trennen der Eier, kann einen Gummi-Schluckfisch benutzen. Man setzt dieses Küchenutensil mit seiner runden Öffnung direkt auf das Eigelb an, drückt ihn dann zusammen – und so wird das Eigelb vorsichtig vom Eiweiß getrennt. Habe ich mir im „Illums Bolighus" in Kopenhagen gekauft.

Mit Salz und Zitronenpfeffer würzen, anschließend alles gut durchkneten.

Mit feuchten Händen kleine Bällchen formen. Diese in die erhitzte Pfanne mit zerlaufenem Butterschmalz legen (Vorsicht: Spritzgefahr!) und mehrmals wenden.

Parallel dazu den Spargel schälen und kochen. Die Sauce Hollandaise samt klein gehackten Dillspitzen kurz aufkochen lassen.

Zum Essen passt ein trockener Weißwein.

Selbst für „Küchenmuffel" wie Horst ist das Trennen von Eigelb und Eiweiß mit dem Schluckfisch kinderleicht.

Ein Hecht-Gigant aus dem Steinhuder Meer – genau einen Meter lang

DER HECHT

Fisch & Fang-Fakten

Toller Hecht, zieht wie Hechtsuppe, Hechtsprung – Deutschlands Sportfisch Nummer eins muss für vielerlei Wortspiele herhalten: Der pfeilschnelle Räuber mit den 700 nadelscharfen Zähnen ist in fast jedem Gewässer zu Hause! Als „Gewässerpolizei" schnappt er sich die kranken und schwachen Tiere.

In Deutschland ist er der wohl beliebteste Angelfisch. Jeder Sportfischer träumt einmal davon, einen Meterhecht zu fangen. Dieser Traum kann gerade in den großen Seen der mecklenburgischen Seenplatte und in den Boddengewässern schneller wahr werden, als man denkt. Revierkundige Angelguides bringen die Kundschaft nicht nur aus ganz Deutschland zum Traumfisch, unter ihnen Fußball-Legenden wie Miroslav Klose und Zlatan Ibrahimovic.

Ich habe meine beiden Meterhechte in der Wakenitz gefangen. Ein kleiner Fluss, der den Ratzeburger See mit der Hansestadt Lübeck verbindet. Und ich erinnere mich noch genau an den Ort und den Köder. Wird aber nicht verraten... Solche Momente vergisst man nie.
Der Italiener Paolo Pacchiarini sorgte 2021 für Schlagzeilen, als er am Lago di Centro Cadore den wohl bisher schwersten und längsten Hecht überlistete. Und zwar mit einer Fliege – ein schwarzer Streamer mit einem leuchtend orangenen Schwanz, der einen kleinen Fisch imitieren sollte! Hat funktioniert: Der Ausnahmefisch war 1,43 Meter lang und wog stattliche 19,5 Kilo.
Gut möglich, dass auch zwischen Hiddensee und Rügen solch ein Hecht-Gigant umherschwimmt. Angelguide Mathias Fuhrmann vom Team Bodden-Angeln bestätigte mir, dass er selbst dabei war, als ein 1,39 (!) Meter langer Hecht gefangen wurde. Er durfte ihn höchstpersönlich vermessen. Der Fänger Ralf Parthaune hat ihn präparieren lassen und in seinen Leipziger Angelladen gehängt. Wer also zufällig mal in der sächsischen Stadt sein sollte, kann sich das Pracht-Exemplar aus der Nähe anschauen.
Aber die Bestände der Boddenhechte gehen zurück. Das ergab eine 4 ½-jährige Studie unter der Leitung von Professor Robert Arlinghaus: „Der fischereiliche Druck durch Angler und Fischer ist einfach zu hoch. Dazu kommt der Fraßdruck durch den Kormoran, den wir als wesentliches Problem identifiziert haben. Ein großes Problem sind auch die zurückgehenden Heringsbestände, die zum Zusammenbruch des Wachstums und der Produktivität der Hechte geführt haben. Es besteht also ein direkter Zusammenhang zwischen der Ostsee und den Boddengewässern."
Weitere Ursachen sind die Kegelrobben und die Verbauung vieler kleinerer Gewässer, in die Hechte aufsteigen – wie die Lachse! Das Forscherteam vom Berliner IGB (Institut für Gewässerökologie und Binnenfischerei) hat nämlich herausgefunden, dass es sogenannte „Lachshechte" gibt, eine Unterart der Boddenhechte, die weite Strecken

zurücklegt und in kleinere Bäche und Flüsse aufsteigt. Leider sind weiterhin viele dieser Laichbäche durch Wehre versperrt, sodass ein Hechtstau entsteht! Hier wäre es wichtig, die Durchgängigkeit der Gewässer wieder herzustellen.
Mögliche Maßnahmen, um die Bestände zu stärken, wären die Einrichtung von Laichschongebieten und die Anhebung der Mindestmaße bei gefangenen Fischen von 50 auf 60 Zentimeter. Auch ein Entnahmefenster ist im Gespräch. Das würde bedeuten, dass Hechte, die größer als 90 Zentimeter sind, wieder freigelassen werden müssen – zur Schonung der Laichfische. Diese Art des „Entnahmefensters" wird von den Müritz-Fischern schon seit Jahren praktiziert.
Ein weiterer Punkt der Handlungsempfehlungen, die sich aus der Studie ergaben, ist eine Herabsetzung des Baglimits – der Fangmenge – von drei Hechten auf ein Exemplar pro Angler und Tag.
Deutschlandweit zählt der Hecht aber nicht zu den gefährdeten Arten.

Hechtschnitzel mit Spargel an der Stepenitz bei Dassow (Westmecklenburg)

DIE MARÄNE

Die Maräne gehört zur Familie der Forellen (zu erkennen an der Fettflosse) und ist in vielen größeren wie auch kleineren Seen in Norddeutschland zu Hause. Sie kann gezüchtet werden, vermehrt sich im Schweriner See aber auch auf natürliche Weise.

Fischer und Fischzüchter Guido Thies aus Leezen hat eine ganz besondere Art gezüchtet: den Goldschnäpel. Ich habe ihn auf seiner Anlage in der Nähe von Crivitz besucht. Er nennt seine Kreation jetzt den „Bernstein-Lachs". Aus Wildfängen für die Forschung hat er eine Art gezüchtet, die weltweit einmalig ist.

Ich habe die Hoffnung immer noch nicht aufgegeben, einmal mit der Angel eine Maräne im Schweriner See zu fangen. Wenn die Fischer es schaffen, dann muss es doch auch für uns Angler möglich sein.

Die Maräne für mein Gericht hatte Jogi Tessmann von der Schweriner Seenfischerei mit dem Stellnetz gefangen – ein alter Fischer-Fuchs, der die Fangplätze für Maränen genau kennt. Wer fast fünfzig Jahre über den Schweriner See geschippert ist, hat Fischblut in den Adern.

Goldschnäpel mit Guido Thies

Schweriner Maräne

im Gemüsebett

Zutaten
(für 4 Personen)

4 Maränenfilets
(mit Haut, à 150 g)
½ Bund Dill
1 Süßkartoffel (mittelgroß)
1 Möhre
1 Rote Beete
1 Zwiebel
1 Fenchel
3 Knoblauchzehen
1 Zweig Rosmarin
150 ml Olivenöl
Salz
Zitronenpfeffer
Butterschmalz

Zubereitung

Das Gemüse (Süßkartoffel, Möhre, Fenchel und Rote Beete) in 2 bis 3 Zentimeter dicke Stücke schneiden. Zwiebeln und Knoblauchzehen klein hacken. Alles zusammen in eine Auflaufform geben.

Das Olivenöl mit klein gehackten Rosmarinzweigen vermengen, salzen und pfeffern und unter das Gemüse mischen.

Backofen auf 180 Grad vorheizen und das Gemüse ca. 25 bis 30 Minuten garen lassen. Je nach Geschmack bissfest (al dente) oder weich garen.

Die Fischfilets in Butterschmalz 10 Minuten braten, ausschließlich auf der Hautseite. Mit Salz und Zitronenpfeffer würzen. Zudem einen Klacks Butter in die Pfanne geben!

Wenn die Filets fast durch sind, etwas Dill auf sie streuen und dann ganz kurz auf die Fleischseite wenden – wirklich nur für ein paar Sekunden!

Das inzwischen fertige Ofengemüse auf die Teller verteilen und die Maränenfilets darauflegen.

Getränketipp: Riesling (trocken) Schwarztrauber/Pfalz

Fischer Jürgen „Jogi" Tessmann von der Schweriner Seefischerei mit einem armdicken Aal – gefangen in einer Reuse. In den vergangenen Jahren werden immer mehr sehr große Aale im Schweriner See gefangen. Geräuchert kostet solch ein Exemplar etwa 100 Euro!

DER AAL

Eine aussterbende Art?

Die Bestände des Europäischen Aals sind seit den 1970er Jahren dramatisch zurückgegangen. Mittlerweile ist die Art vom Aussterben bedroht, die Zahl der ankommenden Glasaale hat sich in der Nordsee in den letzten 20 Jahren um mehr als 99 Prozent verringert. Deshalb gibt es eine klare Empfehlung vom Internationalen Rat für Meeresforschung mit Sitz in Kopenhagen (ICES, International Council for the Exploration of the Sea): Stoppt den Fang der Aale!

Woran liegt nun die Aal-Misere? Überfischung, Umweltverschmutzung oder Verbauung der Gewässer? Es handelt sich nicht nur um eine Ursache. Sicher ist eines: Es gibt ausschließlich eine Population des Europäischen Aals. Und die laicht in der Sargassosee – einem Meeresgebiet im Atlantik östlich von Florida, das so groß ist wie Mitteleuropa.

Regelmäßig finden Forschungsreisen in diese Gegend statt. Häufig dabei ist Professor Dr. Reinhold Hanel vom Thünen-Institut in Bremerhaven. Mit ihm habe ich mich lange über den „Patienten Aal" unterhalten: „Noch nie ist es gelungen, ein Aal-Ei oder einen toten Aal in der Sargassosee zu finden, der abgelaicht hat." Man hat jedoch genau dort die Weidenblattlarven gefunden. Sie stellen das erste Entwicklungsstadium der Aale dar, wenige Tage nachdem sie aus dem Ei geschlüpft sind. „Das wäre eine kleine Sensation für die Aalforscher. Ein Fisch, der zweimal im Leben 5000 Kilometer im Wasser zurücklegt, ist natürlich extrem hohen Belastungen ausgesetzt."
Wenn die Aale abgelaicht haben, sterben sie. Zurück bleibt das Aal-Ei. Schon nach zwei Tagen schlüpfen die kleinen Larven und entwickeln sich von der Weidenblattlarve zum Glasaal.

Hier kommt der Aal. Ein Riesenaal aus dem Schweriner See. Etwa einen Meter lang und armdick. Aale können bei ihren Wanderungen auch kurze Strecken über Land, etwa durch feuchtes Gras, zurücklegen.

Aber sollte man angesichts dieser erschreckenden Zahlen Aal überhaupt noch angeln? Ich meine ja – mit Augenmaß! Deshalb taucht auch das folgende Rezept im Buch auf. Letztendlich ist es eine Gewissensentscheidung, die jeder Angler für sich treffen muss.
Auf der AngelWelt in Berlin, Deutschlands größter Angelmesse, haben wir mit Florian Stein einen Podcast zu diesem Thema aufgezeichnet. Der Aal-Experte vom Deutschen Angelfischerverband sieht vor allem im illegalen Handel mit Glasaalen ein großes Problem. Von Oktober 2022 bis Juni 2023 gab es eine von Europol koordinierte Operation gegen international agierende Schmugglerbanden. Dabei wurden 256 Personen festgenommen, die für den Handel von 25 Tonnen lebender Aale im Wert von rund 13 Millionen Euro verantwortlich waren.
Der DAFV lehnt ein Aalfangverbot ab. Auf seiner Homepage heißt es: „Der DAFV und seine angeschlossenen Landesverbände unterstützen den Schutz des Aals. Wenn zum Beispiel sinnvolle Maßnahmen zum Aalschutz an den im Einzugsgebiet gelegenen Wasserkraftwerken umgesetzt werden, unterstützen wir auch freizeitfischereiliche

Einschnitte zum Schutz des Aals. Dies können Tagesfangmengen, erhöhte Mindestmaße, Entnahmefenster, Schonzeiten oder ähnliches sein. Wir stehen jedoch nicht dafür zur Verfügung, den Sündenbock für die großen Versäumnisse im Artenschutz zu spielen. Unsinnige Verbote lehnen wir aus Überzeugung ab."

Auch der Geschäftsführer des Dachverbandes der Angler, Alexander Seggelke, hält nichts vom generellen Aal-Angelverbot: „Die Angelei auf Aal ist, insbesondere bei Nacht, sehr faszinierend. Vor allem im Rauch veredelt ist der Aal eine echte Delikatesse. Für mich gilt es, den Schutzstatus zu respektieren, maßvoll zu entnehmen und mit Liebe zu verarbeiten."

Ich habe den Brataal für unser Gericht bei den Dreharbeiten im Mai 2020 in Heiligenstedten an der Stör gefangen. Und zwar tagsüber! Eigentlich ungewöhnlich, denn normalerweise angelt man diesen Fisch nachts. In Gewässern mit Ebbe und Flut wie der Oste in Niedersachsen, der Elbe oder der Stör in Schleswig-Holstein geht der Aal allerdings auch am helllichten Tag an die Angel. Köder war, wie so oft, ein Tauwurm an der Grundangel.

Am Oberlauf der Stör hatten wir unser Kochstudio an einem kleinen Rastplatz direkt am Fluss aufgebaut. Campingkocher, „Schwiegermutterpfanne" (von Horst) und, wie immer, Zitronenpfeffer kamen zum Einsatz.

Mit einer ähnlichen Outdoor-Küche konnten wir während unserer Dreharbeiten in Hamburg gleich neben dem Angelzentrum am Entenwerder Park glänzen. Auch hier gab es Brataal, aber diesmal mit Kräuterrührei und Schwarzbrot.

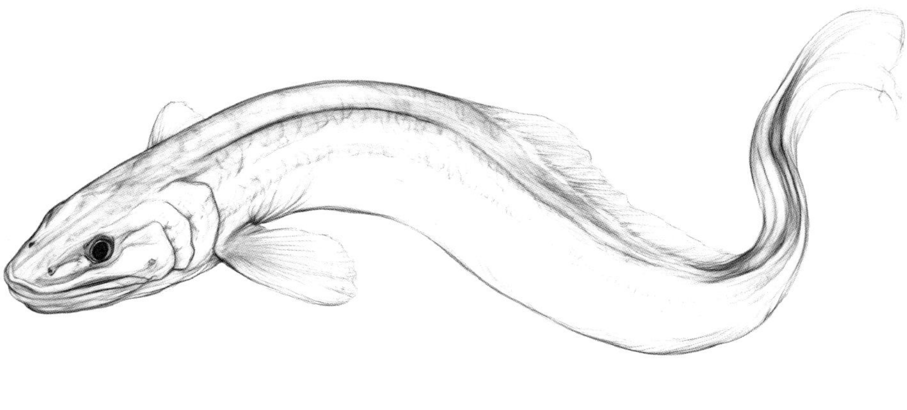

Brataal

Zutaten (für 4 Personen)

ca. 800 g Aal (grün)
Salz
Zitronenpfeffer
Butterschmalz
1 Zitrone
Mehl
50 g Butter

Zubereitung

Zuerst den Aal ausnehmen. Achtung: giftiges Blut! Möglichst Einweghandschuhe benutzen. Gerät das Blut in Wunden, kann es Entzündungen hervorrufen. Beim Kochen oder Braten wird das Blut dann neutralisiert!
Den Fisch vorsichtig von der Bauchseite einschneiden und die Wirbelsäule mit Gefühl durchdrücken. Mit einer Hand den Kopf greifen und dann die Haut über den Rücken langsam nach unten ziehen.
Den Aal in kleine, ca. 5 Zentimeter große Stücke schneiden, mit Salz sowie Zitronenpfeffer würzen und anschließend in Mehl wenden. Eine Pfanne mit Butterschmalz oder Sonnenblumenöl erhitzen (Kochlöffeltest) und die Aal-Stücke dann von beiden Seiten 2 bis 3 Minuten anbraten.
Ein paar Spritzer Zitrone um die Fischstücke herum geben. Dann die Aale aus der Pfanne nehmen und auf Küchenpapier etwas abtropfen lassen.

Während der Dreharbeiten mit Moritz Freudenthal am Westensee bei Kiel

Norddeutsche *Fish & Chips*

Mit Moritz Freudenthal am Westensee

Wir waren mit Moritz Freudenthal, dem „Chefkoch" des Deutschen Angelfischerverbandes, am Westensee in der Nähe von Kiel verabredet. Moritz macht regelmäßig Koch-Events, ist das Gesicht von „Catch & Cook", einer Kampagne, die 2021 vom Dachverband der Angler ins Leben gerufen wurde. „Der selbst gefangene Fisch ist frisch, regional, nachhaltig erzeugt, klimaschonend und wächst artgerecht auf." So heißt es auf der Homepage des DAFV. Im Grunde genommen alles das, was wir auch in unserer Sendung „Rute raus, der Spaß beginnt!" seit 2011 praktizieren.

Auf dem Westensee erlebten wir wieder einmal eine Sternstunde von Horst Hennings. Bei herrlichstem Spätsommerwetter und kaum Wind fing der 37-malige Deutsche Angelmeister mit einem Shatter-Bait einen Meterhecht, den Moritz dann am Mittag mit der Fünf-Schnitte-Technik sauber filetierte.

TIPP!

Beim Frittieren der Hechtstücke nur so viele Stücke gleichzeitig ins heiße Fett geben, wie nebeneinander in den Topf oder die Fritteuse passen.

Zubereitung

Zu Beginn stellen wir aus Mehl, Stärke, Backpulver, Essig und Bier einen dickflüssigen Backteig her, indem wir zunächst die trockenen Zutaten in einer kleinen Schüssel vermengen und dann Bier und Essig dazugeben.
Für die Remoulade werden Zwiebel, Gurke und Ei in feine Würfel geschnitten und mit den restlichen Zutaten vermengt. Mit Salz, Pfeffer, Zucker und Zitronensaft abschmecken.
Die gekochten Kartoffeln auf der Arbeitsfläche mit dem Handballen plattdrücken und entweder in einer Pfanne mit reichlich Öl knusprig braten oder aber mit Salz, Pfeffer und Öl würzen und auf einem mit Backpapier ausgelegten Backblech im Backofen bei 180 Grad ca. 25 bis 30 Minuten knusprig backen.
Zuletzt wird das Hechtfilet in etwa 5 bis 6 Zentimeter große Stücke geschnitten, mit Salz und Pfeffer gewürzt und, bevor es in den Backteig geht, mit etwas Mehl bestäubt. Danach sollten sie einzeln durch den Teig gezogen werden und direkt in das ca. 180 Grad heiße Fett (Fritteuse oder Topf mit 1 Liter Öl) gegeben werden. Sobald man erkennen kann, dass der Teig am Rand schön knusprig wird, einmal die Stücke wenden, um von allen Seiten eine perfekte Kruste zu bekommen.

Zutaten Backteig (für 4 Personen)

100 g Mehl
100 g Stärke
1 TL Backpulver
2 cl Essig (Malzessig)
100 ml Bier oder Mineralwasser

Zutaten Remoulade (für 4 Pers.)

200 g Mayonnaise
50 g Gewürzgurke
½ Zwiebel
1 gekochtes Ei
1 TL Dill, gehackt
1 TL Petersilie, gehackt
4 cl Gurkenwasser
1 TL Senf
1 Spritzer Zitronensaft
Salz, Pfeffer, Zucker

Sonstige Zutaten (für 4 Personen)

600 g Hechtfilet ohne Haut
1 kg kleine, festkochende Kartoffeln, gekocht
Pflanzenöl
Salz und Pfeffer

Gleich zum Auftakt der Dreharbeiten auf dem Westensee: ein Hecht

PATAGONIA

Kaminers
Fisch-Soljanka

Ein NDR-Hörfunk-Kollege gab mir den Tipp: Ruf doch mal bei Wladimir Kaminer an und frag ihn, ob er mit euch zusammen fischen geht. Der Schriftsteller hat an einem kleinen See in Brandenburg ein Haus und angelt dort gelegentlich. Also nichts wie hin.

In seinem Buch „Diesseits von Eden – Neues aus dem Garten" gibt er einen kleinen Einblick in die Welt der Angler. Sein Wochenendhaus steht im fiktiven Dorf Glücklitz. Hätte er gewusst, in welchem Hotel unser NDR-Fernsehteam untergebracht war, dann hätte er bestimmt noch ein kleines Kapitel hinzugefügt …

Wladimir empfing uns auf seinem Grundstück am See und zeigte uns stolz sein Bootshaus. Am Abend wollten wir mit dem Boot auf Zander gehen.

Vorher erteilte Horst ihm aber auf einem Steg eine kleine Lektion in Sachen Feeder-Angeln. Der Begriff kommt aus dem Englischen, von „to feed" – füttern. Hierbei wird an der Schnur ein Drahtkorb – sieht aus wie ein Lockenwickler – montiert, in den man etwas angefeuchtetes Futter (Paniermehl, Haferflocken, Maden, Aromastoffe) drückt. Das Futter soll nun die Fische – meistens Weißfische – an den Platz locken. Der Trick: Gleich neben dem Futterkorb ist der Haken mit dem Köder (Maden oder Mistwurm) platziert.

Es dauerte nicht lange, da hatte Wladimir die erste schöne Güster am Haken. Große Freude! Es folgten noch einige Rotaugen, eine Brasse und ein Ukelei, auch Zwiebelfisch genannt.

Nach einigen Stunden hatten wir so viel gefangen, dass einer großen Fisch-Soljanka nichts mehr im Wege stand. Und Olga Kaminer überließ uns drei Männern die Küche …

Was ich nicht wusste: Wladimir hatte in Sachen Fischsuppe schon so seine Erfahrungen gemacht.

In „Diesseits von Eden" schreibt er im Kapitel „Der Forellenpuff": *„Die Forellen wollten wir zuerst verschenken, nahmen sie dann aber doch mit nach Hause und kochten aus ihnen eine köstliche Fischsuppe mit Thymian und geräucherten Zwiebeln, nach allen Regeln der postsozialistischen Gastronomie."*

Wir hatten also einen Experten an unserer Seite …

Zubereitung

Die Fischfilets unter kaltem Wasser abspülen, trocken tupfen und in 2 x 2 Zentimeter große Würfel schneiden. Mit Zitronensaft beträufeln.
Zwiebeln würfeln, Knoblauchzehe abziehen und fein hacken. Paprikaschoten halbieren, entkernen und in grobe Würfel schneiden. Petersilie abbrausen und trocken schütteln.
Olivenöl in einem großen Topf erhitzen und die Zwiebeln wie auch den Knoblauch bei mittlerer Hitze andünsten, Paprikawürfel dazugeben – kurz anrösten. Dann den Esslöffel Gemüsebrühe und die passierten Tomaten hinzufügen, desgleichen Petersilie, Lorbeerblätter, Paprika und Chilipulver. Alles bei mittlerer Hitze ca. 5 Minuten köcheln lassen.
Jetzt die Fischfiletstücke dazugeben und etwa 2 bis 3 Minuten ziehen lassen. Die Suppe darf nicht mehr kochen!
Mit Zitronensaft, Zitronenpfeffer und Chmeli Suneli abschmecken und mit Dillspitzen dekorieren.
Dazu passen: Vollkornbrot und ein trockener Weißwein.

Ein ähnliches Gericht mit Dorschfilet habe ich 2018 in der Mini-Kombüse auf dem Kutter „Storkow" gemeinsam mit „Angel Anni" vor Warnemünde zubereitet. Alle waren hellauf begeistert!

Zutaten
(für 4 Personen)

ca. 500 g Fischfilet von verschiedenen Süßwasserfischen (Barsch, Brasse, Rotauge, Güster)
4 EL Zitronensaft
3 Zwiebeln
1 Knoblauchzehe
1 Paprika (rot)
1 Paprika (gelb)
1 EL Olivenöl
2 – 3 Stiele Petersilie
1 EL Gemüsebrühe
400 g passierte Tomaten
4 Lorbeerblätter
1 TL Paprikapulver (edelsüß)
1 TL Paprikapulver (rosenscharf)
½ TL Chilipulver (gemahlen)
1 TL körniger Senf
Zitronenpfeffer

Und als besonderen Pfiff (Tipp von Olga Kaminer):
2 TL Chmeli Suneli (eine georgische Kräutermischung)

TIPP

Wer noch einen Kaulbarsch in der Tiefkühltruhe oder sogar einen frisch gefangenen hat, sollte den unbedingt mit in die Suppe tun. Der Kaulbarsch ist ein Aromafisch und gibt dem Ganzen noch den richtigen Pfiff.

Hechtsuppe

Mit Herbert Ziereis, Angelprofi aus Oberbayern, hatten wir einen der bekanntesten deutschen Angler an den Tollensesee nach Mecklenburg-Vorpommern gelockt. Er sollte uns beim Schleppangeln behilflich sein und einen guten Speisehecht bescheren. Das klappte ausgezeichnet, Herbert ist schließlich ein Profi!
Der gelernte Ofensetzer und Fliesenleger hat in Bayern Schleppsysteme und Spezialruten entwickelt. Ihm gelang das Kunststück, drei Hechte über 1,20 Meter Länge innerhalb eines Monats zu fangen.

Auf dem Tollensesee südlich von Neubrandenburg ist das Schleppangeln erlaubt. Allerdings gibt es hier ein-

Sie sind nicht nur auf mecklenburgischen Gewässern unterwegs: Zwei Angellegenden warten auf den Biss – Horst Hennings (links) und Herbert Ziereis wollen auf dem Tegernsee in Bayern einen Seesaibling fangen.

Entnahmefenster, das die Müritzfischer auf ihren Gewässern festgelegt haben. Hechte müssen mindestens 60 Zentimeter lang sein und jedes Exemplar, das mehr als 90 Zentimeter aufweist, muss wieder zurückgesetzt werden, zur Schonung der Laichfische.

Was Herbert Ziereis nicht wusste: Es sollte Hechtsuppe geben – und die hatte der Bayer vorher noch nie gegessen.

Zutaten
(für 4 Personen)

ca. 1 kg Hecht
ca. 2 l Wasser
4 – 6 Lorbeerblätter
1 Bund Suppengrün
1 Zwiebel
Salz
Zitronenpfeffer
3 TL Butter
3 TL Mehl
ca. ¼ Liter Weißwein (trocken)
Petersilie
1 Eigelb
100 ml Schlagsahne
1 Bund Dill
50 ml Pernod

Zubereitung

Den Hecht ausnehmen und mit der 5-Schnitte-Technik filetieren. Wer sich über diese Technik nochmal genau informieren möchte, sollte sich unsere Folge „Mit dem Hecht-König auf dem Möhnesee" in der ARD-Mediathek anschauen. Da sind diese fünf Schnitte genau erklärt.
Die Karkasse, Kopf und Flossen mit Lorbeer in den mit 2 Litern Wasser gefüllten Kochtopf geben, die Zwiebel, das Suppengrün (zerkleinert), den Zitronenpfeffer und das Salz dazugeben.

Das Ganze etwa 30 Minuten reduzieren und dann den Fond durch ein Sieb gießen.

In einem anderen Topf eine Mehlschwitze aus Butter und Mehl herstellen. Diese mit dem Fischfond auffüllen. Etwa 10 Minuten ziehen lassen (jetzt zieht es wie Hechtsuppe!). Nun das in mundgerechte Stücke zerteilte Hechtfilet dazugeben und noch 5 bis 8 Minuten ziehen lassen.
Jetzt wird der Weißwein untergezogen und nach etwa 5 Minuten mit dem in der Sahne verquirrlten Eigelb legiert. Die fertige Suppe mit Petersilie garnieren.

Passende Beilagen sind Weißbrot und Weißwein.

Kommentar

von Herbert Ziereis: „Guat war's!"
Auch Uli Beyer, der „Hecht-König" vom Möhnesee, kam nicht darum herum, mit uns eine Hechtsuppe zu essen. Bei Dreharbeiten im Mai 2024 waren wir mit ihm drei Tage auf seinem Haussee unterwegs.

Scheint zu schmecken: Uli Beyer mit dem Hecht, der zweimal zog: einmal an der Rute und dann in der Suppe

Barschfilet

mit Rosmarinkartoffeln

Der geschwungene Pfannenwender aus Olivenholz gleitet langsam unter die vor sich hin brutzelnde Barschhaut, und mit leichter Hand drehe ich das Filet ganz zärtlich auf die fleischige Seite. Nur ein paar Sekunden! Fertig!
Meine Freundin schaut mich glücklich an: „Wie du das machst. Das hat schon etwas Erotisches." Kann es ein schöneres Kompliment geben?

Zutaten (für 4 Personen)

ca. 500 g Barschfilet
ca. 500 g Kartoffeln (festkochend)
3–4 Zweige Rosmarin
Salz
Zitronenpfeffer
ca. 50 g Butter
1 Zitrone
Butterschmalz
Olivenöl
1 Knoblauchzehe

Zubereitung

Kartoffeln vierteln. Rosmarin und Knoblauch klein hacken und mit einem Esslöffel Olivenöl sowie etwas Salz in einer kleinen Schale vermengen. Diese Sauce mit einem Teelöffel über die Kartoffeln verteilen und für ca. 30 Minuten bei 200 Grad in den Backofen stellen.
Fischfilets abspülen, trocken tupfen und mit der Hautseite in die Pfanne mit Butterschmalz legen. Etwa drei bis vier Minuten (je nach Dicke des Filets) braten, dann mit etwas Salz und Zitronenpfeffer würzen.
Klacks Butter und Spritzer Zitrone in die Pfanne geben, aber nicht auf den Fisch.
Diesen ganz kurz auf die Fleischseite drehen. Fertig!
Nun die Barschfilets zusammen mit den Rosmarinkartoffeln anrichten und mit einer Zitronenscheibe garnieren.
Dazu ein kühles Bier.

Barsch-Burger

Das Gericht am Müggelsee

Ist der erste Fisch ein Barsch, ist der ganze Tag im …? Nein!

Der Barsch ist einer der beliebtesten Angelfische in Deutschland und kommt in fast jedem Gewässer vor. Bei mir vor der Haustür, im Schweriner See, ist es keine Seltenheit, Exemplare von 40 Zentimetern und größer zu fangen. Sogar „Ü 50"-Barsche drehen zwischen Bad Kleinen im Norden und Raben Steinfeld im Süden ihre Runden.

Die Mindestmaße variieren von Bundesland zu Bundesland. In Mecklenburg-Vorpommern müssen Barsche, die man verwerten will, in Binnengewässern mindestens 17 Zentimeter lang sein. Ich finde, erst mit 25 Zentimetern hat der Fisch die richtige Pfannengröße.

Bei unseren Filmaufnahmen auf dem Müggelsee in Berlin brachte Horst das Kunststück fertig, mit einem Köder

ACHTUNG

In jedem Bundesland gibt es nicht nur unterschiedliche Regelungen zu den Maßen, sondern auch zu Schonzeiten. Unbedingt vorher informieren.

gleich zwei Barsche zu fangen. Er hatte einen Wobbler mit einem Drilling am Kopf- und einen am Schwanzende. Die Fische waren an diesem Tag so gierig, dass sich zwei Räuber gleichzeitig auf einen Köder stürzten.
Auch beim Dreh im Mai 2023 auf dem Güstrower Inselsee hatte Horst den „Papst in der Tasche", wie er immer so schön sagt. Dort fing er kurz nach Sonnenaufgang mit einem Chatter Bait einen Barsch von 48 Zentimetern. Kommentar von Horst: „Du angelst doch nicht mit Studenten!"

Zubereitung

Barschfilet in schmale Streifen schneiden, durch einen Fleischwolf drehen oder in einem Mixer zerkleinern. Zwiebeln schälen und in dünne Scheiben schneiden. Dill und Petersilie waschen, trocken tupfen. Alles ebenfalls mixen und in eine Schüssel geben. Eier trennen. Das Eigelb hinzufügen und alles gut vermengen. Mit Salz und Pfeffer würzen.
Die Masse mit leicht angefeuchteten Händen portionsweise in eine Burger-Presse geben. Achtung: Vorher eine Einlage aus Backpapier hineinlegen, damit nichts festklebt.
Salat waschen und trocken schütteln. Geht ganz gut in einem Küchenhandtuch. Gurken und Tomaten in Scheiben schneiden.
Butterschmalz oder Sonnenblumenöl in einer Pfanne erhitzen, Burgerpattys von jeder Seite etwa 3 Minuten goldbraun darin anbraten. Die Brötchenhälften mit Remoulade bestreichen, die untere Hälfte mit Eisbergsalat und Gurkenscheiben belegen. Darauf die Burgerpattys setzen und mit Tomatenscheiben belegen.

Zu diesem Gericht passt ein kühles Bier.

Zutaten
(für 4 Personen)

ca. 500 g Barschfilet
2 Zwiebeln
1 Bund Dill
1 Bund Petersilie (glatt)
2 Eigelb
2 Tomaten
2 Gewürzgurken
Butterschmalz (Sonnenblumenöl geht auch)
Salz und Zitronenpfeffer
4 Burger Buns
Remoulade
Eisbergsalat

Zander

Räuber mit Restlichtverstärker

Die Glasaugen aus der HafenCity lieben trübes Wasser und schmecken auf der Haut gebraten ausgezeichnet. Zander gehören zu den beliebtesten Speisefischen in Deutschland. Sie können ihre Beute auch bei sehr trübem Wasser erkennen, weil sie eine Gewebeschicht im Augenhintergrund haben, die einfallendes Licht reflektiert und somit verstärkt: das Tapetum lucidum. Wenn ein Beutefisch in der Nähe ist, schlagen Zander zu und saugen ihn gnadenlos ein.

Angler spüren diesen Moment an dem „Tock"! Wie ein Stromstoß ist es, ein harter Ruck in der Rute. Dann muss sofort angeschlagen werden. Najwa Hussein vom Team Pro-Guiding bietet geführte Angeltouren im Hamburger Hafen an und kennt die Spots, wo die Räuber lauern. Sie brachte uns zielsicher an den Fisch.

Tock Tock in der HafenCity

Auch in der HafenCity waren wir von der Kaikante erfolgreich. Streetfishing nennt man das. In Hamburg ist es übrigens inzwischen Vorschrift, einen Spundwandkescher dabei zu haben. Das ist auch sinnvoll, denn wie will man sonst einen kapitalen Zander rund fünf Meter an der Spundwand hochziehen.
Wir waren mit dem Schauspieler und begeisterten Angler Matthias Schloo frühmorgens um sechs verabredet. Er spielt in der ZDF-Krimi-Serie „Notruf Hafenkante" den Hauptkommissar Matthes Seeler. Mit ihm konnten wir ganz in der Nähe der Elbphilharmonie zwei Zander „verhaften".

Auch hier zeigte uns „Altmeister" Horst Hennings, wie Zander-Angeln funktioniert: erstens Vertrauen in den Köder haben und zweitens ein Gefühl für die Rute entwickeln. Tock, Tock! Fischgericht gesichert.

Zander-
Schaschlik

Für die Zubereitung unseres Fischgerichts durften wir die Küche des Anglerverbands Hamburg benutzen – im 2021 auf der Halbinsel Entenwerder eröffneten Anglerzentrum der Hansestadt. Mit Seminarräumen, Küche, einem herrlichen Balkon ...

Zutaten
(für 4 Personen)

500 g Zanderfilet
1 Paprika (rot)
1 Zucchini
2 Zwiebeln
Salz und Zitronenpfeffer
1 Zitrone
Butterschmalz

Zubereitung

Zander filetieren, abspülen, trocken tupfen und in 2 bis 3 Zentimter große Würfel schneiden. Mit etwas Zitronensaft beträufeln sowie mit Salz und Pfeffer würzen.
Paprika, Zucchini und Zwiebeln in ähnlich große Stücke schneiden und abwechselnd auf einen Holzspieß stecken.
Die Pfanne mit Butterschmalz oder Sonnenblumenöl erhitzen. Die Spieße hineinlegen und mehrfach drehen, sodass der Fisch von allen Seiten gut durch ist.

Geräucherter Brassen

Von Silber zu Gold (im Tischräucherofen)

Brassen, Blei, Bresen, Schwiegermutterfisch – es gibt viele Namen für das „schwimmende Nadelkissen", denn dieser Fisch hat sehr viele Gräten und wird deshalb auch von vielen Anglern verschmäht. Zu Unrecht! Der Brassen hat sehr leckeres und festes weißes Fleisch. Und er kommt in einigen Gewässern massenhaft vor. Im Schweriner See ist er so häufig, dass Fischer Tobias Prignitz aus Hohen Viecheln im Frühjahr tonnenweise lebende Brassen fängt und sie dann an Angelvereine in ganz Deutschland verkauft. Diese besetzen ihre Vereinsgewässer damit. Ich war selbst dabei, als Tobias bei einem Zug im Februar 2022 mehr als zehn Tonnen Brassen fing. Das Durchschnittsgewicht lag bei drei Kilo.

Im Herbst sind Brassen besonders fett und eignen sich hervorragend zum Räuchern. Ich hatte eine Stelle in Ufernähe zwei Tage etwas angefüttert (Spezialmischung: Paniermehl, etwas Haferflocken und alte aufgeweichte Brötchen). Kaum hatte ich die Angel ausgeworfen, hing schon der erste Brassen am Haken. Köder: zwei Mistwürmer aus dem eigenen Komposthaufen. Innerhalb kürzester Zeit fing ich drei kapitale Brassen. Der Größte war 61 Zentimeter lang und wog rund drei Kilo. Das Räuchern konnte also beginnen!

Zutaten

(für 4 Personen)

ca. 2,5 kg Brassen (ausgenommen mit Kopf)
500 g Salz
1 EL Wacholderbeeren

Zubereitung

Brassen ausnehmen, nicht entschuppen, aber die Kiemen entfernen – sonst gibt es blutige Streifen beim Räuchern auf der goldenen Haut!

Auf der Wirbelsäule befindet sich hinter einem dünnen Häutchen die Niere des Fisches. Die muss weg! Ein kleiner Teelöffel eignet sich hervorragend, um sie herauszukratzen.

500 Gramm Salz in einen Eimer mit fünf Liter Wasser geben und verrühren. Den Brassen hineinlegen und in dieser Lake 10 bis 12 Stunden ziehen lassen. Ich mache das meistens über Nacht.

Der Fisch muss trocken sein, bevor es in den Räucherofen geht.

Am nächsten Tag den Brassen gründlich mit klarem Wasser abspülen, mit Küchenpapier abtrocknen und zum Trocknen aufhängen.

Ich habe bei diesem großen Brassen das dicke Stück der Länge nach einmal gespalten, nachdem er gut getrocknet war.

Nun auf dem Boden des Tischräucherofens eine Handvoll Buchenmehl und einen Esslöffel zerstoßene Wacholderkörner verteilen. Abtropfblech darüber und dann die Brassenstücke in zwei Etagen auf die verchromten Grillroste legen.
Die Doppelbrenner mit Brennspiritus füllen und anzünden. Deckel drauf, verriegeln und das Loch vom Rauchabzugsschieber öffnen.
Schon nach kurzer Zeit fängt es an zu qualmen. Der Spiritus ist nach ca. 20 bis 25 Minuten verbrannt. In dieser Zeit entsteht eine sehr große Hitze und der Brassen gart durch. Nicht auf den heißen Deckel fassen!
Sobald das Feuer verloschen ist, den Rauchabzugsschieber schließen und den Fisch noch etwa 20 bis 25 Minuten im heißen Rauch ziehen lassen. Aber Achtung: Auf keinen Fall Brennspiritus in die Schalen nachkippen! Die Flamme ist unsichtbar und es kann schwere Verbrennungen geben. Nach 50 Minuten kann der Deckel geöffnet werden und der geräucherte Fisch ist fertig. So wird der Brassen von Silber zu Gold!

TIPP

Falls man nicht alles schafft, kann der geräucherte Brassen problemlos eingefroren werden. Vakuumiert ist er gut drei bis vier Monate haltbar – bei -19 Grad im Gefrierfach.

Vergoldet! Noch etwas warm schmeckt der Brassen geräuchert am besten.

Räucherfisch-
salat

Den ersten Räucherfischsalat habe ich bei Fischerin Pauline Rettig am Sternberger See probiert. Fantastisch! Sie hat verschiedene Räucherfische gemischt und mit Mayonnaise, Äpfeln, Zwiebeln sowie Kräutern einen leckeren Salat gemacht.

Ähnlich gut hat die Variante von „Hacki" Stephan Hackbarth, dem Freund von Marten Laciny (Marteria), geschmeckt. Mit ihm haben wir im Hafen von Glowe einen fantastischen Salat gezaubert. Hauptzutat: ein von Horst Hennings eigenhändig gezupfter Räucherhecht, den wir am Abend zuvor gefangen hatten. Nebenbei bereiteten wir auch noch eine Fischsuppe und eine Dorsch-Ceviche zu.

Für meinen persönlichen Räucherfischsalat habe ich geräucherten Brassen (siehe Rezept Seite 104) verwendet. Wichtig: beim Zupfen ganz genau hinschauen. Nichts ist schlimmer als Gräten im Salat. Also: Doppelt gezupft hält besser!

Zubereitung

Die Brassenhälfte sorgfältig bei hellem Licht zupfen (notfalls zweimal!). Je größer der Brassen, desto leichter sind die gemeinen Y-Gräten zu finden.

Gewürzgurke, Apfel, Zwiebeln und Karpern klein schnippeln. Mayonnaise und Joghurt in einer separaten Schüssel vermengen. Das Ganze mit Zitronenpfeffer und Salz abschmecken.

Jetzt den Räucherfisch unterheben. Gut eine halbe Stunde im Kühlschrank ziehen lassen.

Mit Dill, Zitrone und selbst gebackenem Sauerteigbrot anrichten.

Zutaten
(für 4 Personen)

Räucherfisch, gezupft (hier ca. 200 g Brassenfilet)
4 Gewürzgurken
1 Apfel (rot säuerlich)
1 Zwiebel (mittelgroß)
2 EL Karpern
4 EL Mayonnaise
4 EL Joghurt
Salz und Zitronenpfeffer
Zitrone

Die Bachforelle

Immer aus der Schulter! Fliegenfischen ist nichts für Grobmotoriker. Selbst Horst Hennings, der sonst fast jede Angelart beherrscht, tut sich schwer mit dem „Mückenwedeln", wie er es abwertend nennt. Aber wenn das Thema bei „Rute raus!" Fliegenfischen im Harz ist, kommt auch er nicht darum herum, mit der federleichten Fliegenrute elegante Schwünge zu vollziehen.
Wir hatten uns die Bode bei Thale als Revier ausgeguckt. Im Grand Canyon des Harzes waren wir mit Martin Juppe und seiner Frau Kati unterwegs.
Die Bode hat noch einen sehr guten Bestand an wildlebenden Bachforellen. Regelmäßig werden aber auch Forellen besetzt.
Die Landschaft ist atemberaubend schön: wilder Fluss, glasklares Wasser und steile Berghänge, eine Wiese aus Bärlauch und gleich daneben am Ufer Gundermann und Wasserminze. Zumindest die Wildkräuter für unser Fischgericht waren also gesichert. Fehlte nur noch die Bachforelle.

Mit der Angel an der der Bode bei Treseburg unterwegs – schöner geht es kaum.

Zunächst fingen wir nur kleinere Fische an einer traumhaften Strecke vor einem uralten Hotel bei Treseburg. Aber dann, am zweiten Tag, hatte ich großes Glück: Ich ließ Horst, Martin und das Kamerateam weiter flussaufwärts ziehen und versuchte es alleine an einer steilen Felswand im Bodetal. Mit einer kleinen Spezialkamera am Brustgurt konnte ich dann das aufzeichnen, was später im Film („Forellen-Fieber im Harz") zu sehen war. Ich fing am „Wooly Bugger", einer kleinen künstlichen Fliege, ein prächtiges Exemplar von 31 Zentimetern.
Sogar Horst bekam allmählich den Schwung heraus, wenn er nicht gerade damit beschäftigt war, seine Fliege aus den Weidenbüschen zu entfernen.
Also: Immer aus der Schulter!

Für die Zubereitung unseres Fischgerichts fuhren wir an die Wendefurther Talsperre. Hier durften wir unser mobiles Fisch-Kochstudio auf dem Schwimmsteg beim Bootsverleih aufbauen.

Harzer
Bachforelle

Zutaten (für 4 Personen)

4 Bachforellen à 200 g
500 g Frühkartoffeln
4–5 Blätter Wasserminze
5 Stängel Gundermann
5 Blätter Bärlauch
100 g Butter
3 EL Quark
50 ml Mineralwasser
100 g Butterschmalz
Salz, Zitronenpfeffer, etwas Mehl

Zubereitung

Forellen entschuppen, ausnehmen, filetieren, unter kaltem Wasser abspülen und trocken tupfen. Hautseite leicht mehlieren und in einer Pfanne mit Butterschmalz braten. Jetzt ein wenig mit Salz und Zitronenpfeffer würzen. Zitrone mit Spritzern um das Filet herum und einen Klacks Butter dazugeben. Nach vier bis fünf Minuten sind die Filets fertig. Jetzt die Fische noch ganz kurz auf die Fleischseite drehen und dann sofort servieren. Dazu gibt es Pellkartoffeln und Kräuterquark, garniert wird mit Gundermann.

Das Rotauge

Den ersten geangelten Fisch des Lebens wird man wohl nie vergessen. Bei mir und auch bei den meisten Anglern war es das Rotauge, in anderen Gegenden auch Plötz genannt. Mit meinem Großvater Richard war ich schon als kleiner Butscher in den 1960er Jahren an der Wakenitz bei Lübeck unterwegs. Mein Amazonas: wild, ursprünglich, sumpfig, grün, und riesige Flussmonster – so dachte ich – lauerten kurz unter der Wasseroberfläche.

Damals galten große Rotaugen noch als etwas Besonderes. Wir haben sie häufig gebraten und dann sauer eingelegt. Einen Kühlschrank besaßen wir noch nicht. Und so verschwand alles Eingemachte, Eingeweckte und Eingelegte in der Speisekammer unter der Treppe.
Aber nach und nach geriet das Rotauge in Vergessenheit. Die Fischstäbchen- und Big Mac-Generation wollte keine Gräten mehr pulen.
Am Bodensee haben clevere Gastronomen jetzt erkannt, wie wichtig das Rotauge sein kann. Nicht nur, weil sie die eingewanderten Quagga-Muscheln fressen (siehe Foto auf Seite 127). Da die begehrten Felchen ab 2024 für drei Jahre nicht mehr gefangen werden dürfen, haben die Wirte als Alternative das Rotauge wiederentdeckt
Im April 2024 fanden sogar die Internationalen Rotaugen-Wochen statt. Und es gibt mittlerweile Maschinen, die die Gräten so klein schneiden, dass sie nicht mehr zu merken sind.
Im Hotel Gasthof „Zur Kapelle" in Nonnenhorn bei Hans-Jörg Witzigmann stehen zum Beispiel gebratene Rotaugenfilets mit Bärlauchbutter oder Bodensee-Matjes von Rotaugenfilets „Hausfrauen Art" auf der Speisekarte. Vielleicht wäre das auch mal eine Idee für die norddeutschen Fischer und Fischgaststätten.
Wir haben in unseren Sendungen das Rotauge schon häufig auf dem Teller gehabt. Geräuchert auf dem Hausboot am Schweriner See, in der Fischsoljanka bei Wladimir Kaminer oder als Rotaugenmatjes bei Heinz Gräßner vom Angel- und Naturschutzverein Wilhelmshaven. Und weil das so lecker geschmeckt hat, habe ich es mit Rotaugen aus der Warnow selbst ausprobiert – ohne Matjesreifer und Geschmacksverstärker E621.
Das Verrückte: Wieder war ich in die NDR Talk Show eingeladen und wieder war Reinhold Messner dabei. Und auch diesmal schmeckte ihm meine kleine Zwischenmahlzeit. Eckhart von Hirschhausen ließ sich diese Delikatesse gleichfalls auf der Zunge zergehen.

Ohne Konservierungsstoffe oder Geschmacksverstärker: Mecklenburger Weißfischtopf.

Mecklenburger
Weißfischtopf „Hausfrauen-Art“

Zubereitung

Die Rotaugen entschuppen, ausnehmen und filetieren.
Unter kaltem Wasser abspülen und trocken tupfen.
24 Stunden in einer Salzlake einlegen.
Danach abtropfen und in kleine Häppchen schneiden.
In der erkalteten Marinade drei Tage ziehen lassen.
Kühl stellen.
Dann abgießen und mit der Hausfrauensauce vermengen.

Zubereitung Hausfrauensoße

Zwiebel halbieren und in feine Streifen schneiden. Staudensellerie gleichfalls schneiden, hier aber in kleine Stücke. Den geschälten Apfel hingegen in feine Scheiben schneiden und mit 1 Esslöffel Zitronensaft mischen.
Schmand, Sahne und die Schlagsahne mit dem Weißweinessig verrühren. Zwiebeln, Staudensellerie, Äpfel und klein gehackten Dill untermischen. Mit Zitronenpfeffer und Salz abschmecken. Bei Bedarf einen Teelöffel Zucker dazugeben – dann schmeckt es etwas lieblicher.
Das Ganze mit den Rotaugenhäppchen vermengen und etwa drei Stunden im Kühlschrank ziehen lassen.

Zutaten
(für 4 Personen)

ca. 250 g Rotaugenfilets

Für die Marinade:
750 ml Wasser
375 ml Kräuteressig
8 Lorbeerblätter
2 EL Zucker
10 Wacholderbeeren
10 Pfefferkörner
1 TL Senfkörner
2 Gemüsezwiebeln
Rosa Pfeffer

Zutaten
(für 4 Personen)

200 g Schmand
200 g saure Sahne
3 EL Schlagsahne
1 Apfel
2 saure Gurken
1 Zwiebel
2 Stangen Staudensellerie
1 Bund Dill
1 EL Weißweinessig
1 Ei
Salz, Zitronenpfeffer
1 TL rote Pfefferbeeren
1 TL Zucker

Zanderfilet

Tropical

Autsch, weg war sie! Eine Sekunde nicht aufgepasst und die Fingerkuppe meines linken Daumens landete neben den klein geschnittenen Tomaten. Vielleicht lag es auch an der brutalen Hitze – wir hatten schon am Vormittag 30 Grad im Schatten. Es waren tatsächlich Hundstage an der Hunte, als wir im August 2022 dort eine Folge drehten.
Da wir uns nicht darauf verlassen konnten, einen Zander zu fangen, hatte unser Experte Jürgen Frühauf sicherheitshalber einen aus seiner Tiefkühltruhe „geopfert".
In seinem Garten wurde dann das leckere Fischgericht – mit Verlust der Fingerkuppe – zubereitet.
Kurz danach saß ich in der Notaufnahme des Krankenhauses Johanneum in Wildeshausen. Arbeitsunfall. Man weiß ja nie. Gerade, wenn mit Fischen hantiert wird, sollte man bei Schnittverletzungen vorsichtig sein. Ich habe es überlebt.

Zutaten (für 4 Personen)

ca. 500 g Zanderfilet
4 Bananenblätter
3 Tomaten
1 Lauchzwiebel
1 Stück Ingwer
1 TL Curry
1 Chili Schote
½ Bund Koriander
200 ml Kokosmilch
Salz
Zitronenpfeffer
Zahnstocher zum Fixieren

Zubereitung

Fischfilet unter kaltem Wasser abspülen, trocken tupfen, mit Kokosmilch bestreichen und etwa 10 Minuten marinieren.
Tomaten würfeln, Lauchzwiebel putzen und fein hacken, Ingwer in kleine Stücke schneiden. Koriander abspülen, trocken schütteln und klein hacken.
Alles zusammen auf dem Bananenblatt verteilen und dann die Fischfilets darauf legen. Mit Salz und Zitronenpfeffer würzen.
Nun das Bananenblatt rollen, zu einem Päckchen verschließen und mit einem Zahnstocher fixieren. Das Ganze auf den Grill ca. 8 bis 10 Minuten ziehen lassen. Zum Servieren öffnen.
Dazu passen Rosmarin-Kartoffeln und ein trockener Weißwein.

Zander im Bananenwickel – zubereitet mit dick eingewickeltem Daumen

Im Reich der Renken

In Norddeutschland heißen sie Maränen, am Bodensee Felchen und in Bayern am Tegernsee Renken. Alle gehören sie jedoch zu ein und derselben Fisch-Familie: (lat.) Coregonidae.

Aber es gibt einen entscheidenden Unterschied für Angler. In Norddeutschland gelten sie als nahezu nicht fangbar – ganz im Gegensatz zu Bayern und Österreich. Angeblich ... Mit speziellen Ködern, Ruten und Rollen sind die Renkenjäger dort unterwegs. Grund genug für uns, eine Spezialausgabe von „Rute raus" in Süddeutschland und in Österreich zu drehen.

Tobi, ein Freund von Horst, hatte zwei Spezialisten für den Zeller See organisiert, die uns Technik und Taktik erklären sollten: Markus Pregenzer und seinen Kumpel Erwin, zusammen hundert Jahre Renken-Erfahrung. Konnte eigentlich nichts schief gehen. Dachten wir ...

Renkenangeln macht durstig. Wenig später fing Horst seine erste Renke.

Nach kurzer Einweisung fuhren wir bei herrlichem Sommerwetter raus auf den Zeller See. Angeln vor einer beeindruckenden Kulisse. In der Ferne konnten wir sogar das Kitzsteinhorn erkennen, 3203 Meter hoch.
Wir angelten mit zwei verschiedenen Methoden: einer kurzen Heberute und einer etwas längeren mit einer Posen-Montage. Um es kurz zu machen: Horst fing mit seiner Heberute eine untermaßige Renke und ich mit der Posen-Montage drei dieser Fische, von denen einer das Mindestmaß von 33 Zentimetern hatte. Markus zeigte uns, wie Renkenangeln funktioniert. Angeln im Zeitlupentempo. Spürt man allerdings den Biss, muss der sofort mit einem kräftigen Anhieb pariert werden.
Am zweiten Tag wechselten wir die Boote. Jetzt saß ich bei Erwin und Horst beim Profi Markus Pregenzer. Wir waren sehr früh unterwegs und nun fing auch Horst mit Posen-Montage einige essbare Renken. Doch dann wurden wir von einem Unwetter überrascht. Innerhalb weniger Minuten: Regen und plötzliche Sturmböen. Abbruch! In diesem Moment passierte es. Als Markus den Anker lichten wollte und Horst vom Heck nach vorne ging, geriet ihr Boot in Schieflage und Markus war verschwunden. Mann über Bord! Horst später: „Ich sah nur noch zwei Hände an der Bordwand." Das Kameraboot war schon zurück zum Steg gefahren und so mussten wir uns selbst helfen. Mit vereinten Kräften gelang es uns, Markus wieder aus dem Wasser zu ziehen. Glück gehabt.

Renken für unser Fischgericht hatten wir inzwischen genug. Das Problem: Limetten. Notstand in Zell am See! Im sechsten Supermarkt wurde ich endlich fündig. Und gleich nebenan beim Bäcker gab's dann auch noch Bergsteigerbrot. Wie es sich für ein Ceviche in den Alpen gehört … Ja, Ceviche!

Alpen-
Ceviche

Zutaten (für 4 Personen)

ca. 600 g Renkenfilet
3 Limetten
1 Orange
1 Bund Koriander
2 Chilischoten
2 Zwiebeln (rot)
Salz und Zitronenpfeffer

Zubereitung

Renken filetieren (ohne Haut) und grob in ein Zentimeter große Stücke würfeln. Limetten über den Filets auspressen, wer mag auch etwas Orangensaft dazugeben.
Etwa eine Stunde kalt stellen. Danach Zwiebeln und Koriander klein hacken und unterheben. Mit Salz und Zitronenpfeffer abschmecken.

Horst war begeistert! Was selten vorkommt.

Prager
kümmel-karpfen

Meinen ersten Ausflug nach Prag mit dem Eurocity werde ich schon deshalb nicht vergessen, weil ich dort ein ganz besonderes Fischgericht gegessen habe.
In einem Restaurant gleich neben der Karlsbrücke wurde mir Karpfenfilet mit Kümmel serviert. Ungewöhnlich, aber sehr lecker. Ich war so fasziniert von der Moldau, der Goldenen Stadt und dem leckeren Kümmel-Karpfen, dass ich mir fest vorgenommen hatte, bei einer unserer nächsten Angelsendungen dieses Gericht nachzukochen. Und weil Karpfen in der Regel zur Weihnachtszeit gegessen wird, bietet sich Grünkohl als Beilage an. Denn Karpfenzeit ist auch Grünkohlzeit.

Zubereitung

Karpfen filetieren. Vorsichtig die Lederhaut vom Filet trennen. Den Fisch unter kaltem Wasser abspülen und trocken tupfen. In der Zwischenzeit die Kartoffeln aufsetzen und den Grünkohl – ich habe mir fertigen im Glas besorgt – erwärmen (mit einem Teelöffel Senf als Zugabe – schmeckt dann besser!).

Das Karpfenfilet von der Seite, die von der Lederhaut getrennt wurde, leicht mehlieren und in die mit Butterschmalz erhitzte Pfanne legen. Jetzt das Filet von der Fleischseite leicht mit Salz und Zitronenpfeffer würzen und etwas zermörserten Kümmel dazugeben. Ein wenig Zitronensaft rund um die Filets und ein Klacks Butter kommen mit in die Pfanne.

Das Fischfilet nach ca. 3 bis 4 Minuten wenden und nur kurz auf der gewürzten Fleischseite anbraten. Dann sofort mit den Drilligen und dem Grünkohl servieren.

Etwas Bratfett über die Drillinge fließen lassen.

Da Karpfen ja traditionell in Klosterteichen gezüchtet wurde, empfehle ich zu diesem Gericht ein Kloster-Landbier. Oder in Prag, wie es sich in Tschechien gehört, ein Pilsner Urquell.

Zutaten
(für 4 Personen)

ca. 500 g Karpfenfilet
2 TL Kümmel
Salz
Zitronenpfeffer
Mehl
400 g Grünkohl
400 g Kartoffeln (Drillinge)
Zitrone
Butter

Schwarzmundgrundel

Was tut man, wenn ein Fisch zur Plage wird? Ganz einfach: ihn essen! Seit den 1990er Jahren hat sich in unseren Gewässern eine Art ausgebreitet, die mittlerweile außer Kontrolle ist: die Schwarzmundgrundel. Eingeschleppt vermutlich über das Ballastwasser großer Lastkähne, hat sie sich in Kanälen, Flüssen, Seen und auch an der Küste regelrecht festgesaugt.

In der Folge „Grundelalarm im Nord-Ostsee-Kanal" 2014 machten wir diesen Fisch und die Zubereitung zum Thema. Auf Tauwurm fingen wir innerhalb sehr kurzer Zeit 20 Grundeln, die dann gegen Mittag direkt unter der Schwebefähre in Rendsburg in der Pfanne brutzelten.

Grundel-

pfanne

Zubereitung

Grundeln entschuppen, ausnehmen (den Kopf nicht entfernen), mit kaltem Wasser abspülen und trocken tupfen. Etwas salzen und pfeffern. Dann in Mehl wenden und ab in die Pfanne.

Spritzer Zitronensaft rund um die Fische geben.

Mehrfach wenden. Nach vier bis fünf Minuten sind die Fische kross gebraten. Jetzt die Grundeln aus der Pfanne nehmen und auf Küchenkrepp abtropfen lassen.

Nun greift man sie am Kopf und kann sie aus der Hand essen. Dazu ein kühles Flensburger Pils.

Zutaten
(für 4 Personen)

ca. 16–20 Schwarzmundgrundeln
(Länge 20 cm)
Salz und Zitronenpfeffer
1 Zitrone
Butter
Mehl
Butterschmalz oder
Sonnenblumenöl

Edelkrebs

Krebse

Edel und amerikanisch!

Wenn es dunkel wird, schleichen sie aus ihren Verstecken und gehen auf Wanderschaft. Dann suchen die Krebse nach Schnecken, Würmern und Muscheln. Auch bei mir vor der Haustür am Schweriner See kann man sie im Schein der Taschenlampe nachts im flachen Wasser beobachten. Es sind fast immer Kamberkrebse, die sich bei ihren nächtlichen Ausflügen auch kranke und frisch verendete Fische greifen und so eine wichtige Funktion erfüllen: Sie sind die Gesundheitspolizei in unseren Gewässern.

In Deutschland leben insgesamt neun verschiedene Krebsarten, von denen nur drei heimisch sind: der Steinkrebs, der Edelkrebs und der Dohlenkrebs. Die anderen, etwa der Kamberkrebs, der Galizische Sumpfkrebs und der Signalkrebs, zählen zu den Einwanderern.

Der Edelkrebs stellt mit bis zu 20 Zentimetern Länge die größte heimische Flusskrebsart dar. Er wurde in den vergangenen 100 Jahren fast vollständig ausgerottet. In Deutschland ist er mittlerweile ganzjährig geschont. Trotzdem gibt es bei uns nur wenige Bereiche, in denen die Edelkrebse noch ungestört leben können – zum Beispiel im Benzer See in Schleswig-Holstein. Hier hat man sogar eine Krebssperre eingerichtet, um den Kamberkrebs fernzuhalten.

Zwei Einwanderer unter sich: Kamberkrebs mit Quagga-Muschel (an den linken hinteren Beinen)

Schuld an der Misere ist ein gewisser Max Paul Gustav Kreuzwendedich von dem Borne. Der hat nämlich im Jahre 1890 etwa 90 Exemplare des Kamberkrebses, auch „Amerikanischer Flusskrebs" genannt, im Bereich der Oder ausgesetzt. Das blieb nicht ohne Folgen. Der preußische Kammerherr wollte den Edelzwicker als Ersatz für den gefährdeten Edelkrebs in Deutschland etablieren. Aber der eingebürgerte Amerikaner brachte die Krebspest in unsere Gewässer. Eine Krankheit, gegen die er selbst immun ist, die aber für die einheimischen Krebse tödlich ist.
Seit 2016 steht der Kamberkrebs auf der Liste der unerwünschten Arten der europäischen Union.

Und wie fängt man die Krebse? Mein Opa Richard erzählte mir bei einem unserer Angelausflüge in den 1960er Jahren, dass er sie für seinen Vater in der Lübecker Krebskuhle gefangen habe – mit einem Band, an dessen Ende ein Stück Pansen befestigt war. Die Krebse hätten sich an diesem Pansen festgebissen und konnten mühelos aus dem Wasser gezogen werden.
Mit derselben Methode habe ich in den 1960er Jahren meine ersten Flusskrebse gefangen. An der Wakenitz bei Absalonshorst. Ich kannte die Verstecke der Kneifer und habe sie genau wie mein Opa mit Pansen aus den Löchern gelockt.
Eine andere Methode ist die Senknetztaktik. In der Mitte des Netzes befestigt man einen kleinen Zwiebelsack mit Fischabfällen. Der Geruch lockt die Krebse an – und nach kurzer Zeit ist die Mahlzeit gesichert.

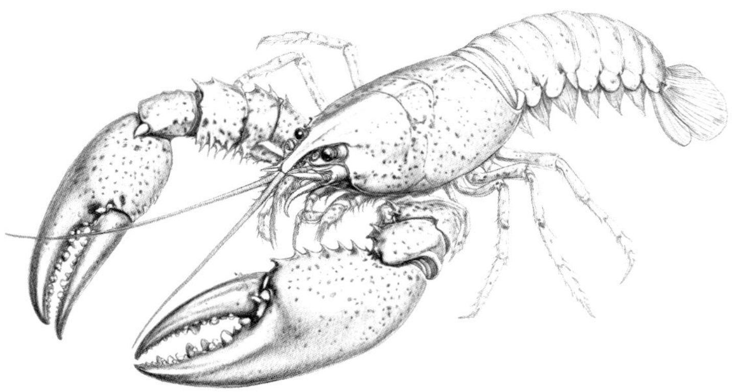

Schweriner
Flusskrebspfanne

TIPP

1 EL Kümmel mit in den Kochtopf geben. Dadurch wird der Krebsgeschmack intensiver.

Zubereitung

Einen großen Topf mit Salzwasser zum Kochen bringen und die noch lebenden Krebse mit dem Kopf voran in das kochende Wasser legen. Das ist so Vorschrift nach der Tierschutzschlachtverordnung (TierSchlV). Die Krebse sind dann sofort tot.

Etwa sechs Minuten kochen lassen. Die Krebse mit einer Kelle herausfischen, kurz unter kaltem Wasser abschrecken und dann das Krebsfleisch aus dem Schwanzende herauslösen.

Dazu greift man den Brustpanzer und trennt mit einer Drehbewegung den Schwanzteil ab. Das Fleisch aus dem Panzer ziehen und – wichtig! – den Darm entfernen. Krebsfleisch in einer kleinen Schale beiseite stellen.

Die Avocado zunächst halbieren, entkernen und in kleine Stücke zerteilen. Ein paar Spritzer Zitrone darauf, damit die Frucht nicht braun wird. Mit Salz und Zitronenpfeffer bestreuen.

Etwas Olivenöl in die Pfanne geben und erhitzen. Knoblauch und Chili in kleine Stücke schneiden und anbraten.

Jetzt Ingwer, die Avokadostücke und die klein gehackten Gemüsezwiebeln dazugeben.

Dazu gibt es Bandnudeln mit Petersilienpesto.

Als ich dieses Gericht in meiner Küche im Juli 2024 zubereitet hatte, kam mein Sohn Hannes gerade von einer Radtour zurück. Ihm habe ich das nebenstehende schöne Foto zu verdanken und er durfte auch gleich der erste Testesser sein. Sein Kommentar: „Schmeckt super!“ Mir übrigens auch ...

Zutaten
(für 2 Personen)

8 – 10 Flusskrebse (Kamberkrebse) oder Edelkrebse aus einem Zuchtbetrieb
1 kleine Knolle Ingwer
1 reife Avokado
3 Knoblauchzehen
1 EL Kümmel
1 Zitrone
1 Chili (rot)
1 EL Olivenöl
1 Bund Petersilie
1 Bund Frühlingszwiebeln
Salz und Zitronenpfeffer

Krabben / Garnelen:

Krabbenbrötchen – Aal inclusive!

Mit der Senknetztechnik waren wir auch in Nordfriesland erfolgreich. Diesmal hatten wir es auf die Nordseegarnelen abgesehen. In Zeiten, in denen ein Krabbenbrötchen mancherorts 15 Euro (!) kostet, lohnt es sich, auch mal selber auf Krabbenjagd zu gehen. Wir hatten uns vorgenommen, unser Krabbenbrötchen selbst zu fischen, zu kochen und direkt am Angelplatz auf Nordstrand zuzubereiten. Friesen-Angel-Original Jörg Ovens, der in Husum eine Angelschule betreibt, war mit uns an einen kleinen See gefahren, der Verbindung zur Nordsee hat.
Hier wimmelte es nur so vor Garnelen, im Volksmund auch Krabben genannt. Für 125 Gramm Nordsee-Krabbensalat muss man mittlerweile im Supermarkt 7,49 Euro hinlegen.

Krabben-
brötchen

Brötchenservice am Angelplatz!

Zutaten (für 4 Personen)

ca. 50 g Nordseegarnelen
100 g Mayonnaise
100 g Joghurt
1 Bund Dill
4 Brötchen
1 Kopfsalat

Zubereitung

Wasser zusammen mit einem Esslöffel Salz im Kochtopf – geht auch auf dem Campingkocher – zum Kochen bringen. Garnelen hineingeben und maximal 4 Minuten kochen lassen. Dann abgießen und unter kaltem Wasser abschrecken! Danach: pulen!
Brötchen zur Hälfte aufschneiden, nicht ganz! Die untere Hälfte mit Mayonnaise, Joghurt und etwas Dill bestreichen, Salatblatt darüber und schließlich die Garnelen auf dem Blatt verteilen.

KAPITEL 4

Aus dem Streuer

HEINZ' ZITRONENPFEFFER – FÜR DIE RICHTIGE WÜRZE IM LEBEN

NDR Das Beste am Norden
NDR
CREW
LANDPARTIE
FEST
Jodsalz

Heinz'

Zitronenpfeffer

„Wann bringst du endlich deinen eigenen Zitronenpfeffer heraus?" Immer wieder bin ich auf Messen und Angel-Events darauf angesprochen worden. Wir hatten irgendwann einmal damit begonnen und dann ging es nicht mehr anders: kein Fischgericht ohne Zitronenpfeffer! Ganz ohne Antioxidationsmittel, künstliche Aromen oder Geschmacksverstärker. Und so wird er gemacht:

Zutaten
(für ca. 300 g)

100 g Pfefferkörner (schwarz)
140 g Pfefferkörner (weiß)
60 g Pink Pepper (Rosa Beeren)
4 Bio-Zitronen
1 TL Kurkuma (klein gehackt)
1 Chilischote (rot)
Das ist die Grund-Mischung. Sie kann natürlich nach Belieben variiert werden. Eine ganz besondere Zutat verrate ich nicht. Ein kleines Geheimnis muss schließlich bleiben. Vielleicht schmeckt ja Tim Mälzer das Gewürz irgendwann heraus ...

Zubereitung

Die Schale der Bio-Zitronen ganz fein mit Zitrus- oder Sparschäler abschälen (nicht das Weiße hinter der Schale beseitigen) und klein hacken. Zusammen mit den Pfefferkörnern, der klein gehackten Chili-Schote und die Kurkuma in eine Schale geben und mit dem Saft der vier Zitronen vermengen. Eine Nacht kaltstellen – auf diese Weise nehmen die Pfefferkörner das zitronige Aroma richtig an.
Am nächsten Tag die Mischung Pfefferkörner und klein gehackte Zitronenschalen auf Backpapier verteilen und für ca. 1,5 bis 2 Stunden bei 50 Grad im Ofen trocknen lassen. Je nach dem vorigen Grad der Flüssigkeit kann das auch schneller gehen. Also zwischendurch immer mal testen.
Die getrockneten Körner in eine Pfeffermühle oder andere Gefäße abfüllen. Der zitronige Geschmack entfaltet sich so richtig beim Zermahlen der Pfefferkörner.

KAPITEL 5

Wo geht die Reise hin?

Fisch und Fischer – wie Walter Piehl – blicken in einen ungewisse Zulunft.

„Komm vorbei, ich hab´ Schlei!“ Als Walter Piehl, Fischer in Alt Schlagsdorf nördlich von Schwerin, mich anruft, habe ich die Bilder schon vor Augen: Ein Mecklenburger Fischer, wie er im Buche steht, mit Rauschebart und Elbsegler, präsentiert mir eine prächtige Schleie und verrät mir auch noch ein geheimes Familienrezept.
Eine halbe Stunde später bin ich bei ihm. Und es kommt noch besser: Walter erzählt mir eine unglaubliche Geschichte von einem Wundermittel gegen Frauenleiden: Schlei! Falls die NDR Ernährungs-Docs nicht mehr weiter wissen: Walter anrufen!
Fischarten wie Rotaugen, Brassen, Güster, Flussbarsch oder Karausche erleben in der Fischküche gerade eine Renaissance – wenn sie, wie hier in diesem Buch beschrieben, einfach, schnell und lecker zubereitet werden können. Brassen geräuchert, Barschfilet auf der Haut gebraten, Rotaugen, Matjes oder Kaulbarsch in der Fischsuppe. Frisch, frei und natürlich aufgewachsen, regional und nachhaltig.
Plötzen statt Pangasius. Brassen statt Beluga Kaviar. Barsch statt Dorade.
Wenn dieses Buch ein klein wenig dazu beiträgt, dass die regionalen, teilweise in Vergessenheit geratenen Fischarten wieder häufiger auf den Speisekarten unserer Restaurants und auf den Verkaufstresen unserer Fischhändler zu finden sind, ist schon viel erreicht.

In diesem Sinne: Rute raus
und Zitronenpfeffer bei die Fische!

Guten Appetit wünscht
Heinz Galling

Danksagung

Ich bedanke mich für die Anregungen und Informationen beim Thünen-Institut in Rostock und Bremerhaven, dem Landesanglerverband MV, Annegret & Horst, Johannes King, Wladimir Kaminer und seiner Frau Olga, Moritz Freudenthal, André Domke, Heinz Gräßner, Marten Laciny, Stephan „Hacki" Hackbarth, den Frauen in meiner „Wohnzimmer"-Yoga-Gruppe, dem Hinstorff Verlag, der mir die Möglichkeit gegeben hat, dieses Buch zu schreiben, und nicht zuletzt beim NDR, dem ich es zu verdanken habe, dass es die Sendung „Rute raus, der Spaß beginnt!" überhaupt gibt.

Und natürlich meinen Eltern, und Anni und Hannes, meinen Kindern und meiner Freundin und ihrer Familie, die mich alle als „Testesser" immer wieder bestärkt haben, dieses Buch zu schreiben.

Heinz Galling, geboren in Lübeck. 1980 Abitur an der Oberschule zum Dom. 1980 - 1982 Zeitsoldat bei der Bundeswehr. Oberleutnant der Reserve. Studium Sport und Englisch an der Christian-Albrechts-Universität Kiel. 1984 - 1987 Croupier im Casino Travemünde. 1987 erste Hörfunk Berichte bei Radio Schleswig-Holstein (RSH). 1987 Finisher und Reporter beim Ironman Triathlon auf Hawaii. Ab 1988 NDR Hörfunk Reporter bei der Welle Nord in Kiel, dann NDR 1 Radio MV. Ab 1993 Fernsehreporter und Moderator beim NDR. Fußball-Bundesligareporter und Live-Reporter bei internationalen Veranstaltungen. Moderator der Sendung "Sport und Leute" und der "Sportecke" im Nordmagazin. "Erfinder" und Presenter der Angelsendung "Rute raus, der Spaß beginnt", die er seit 2011 im NDR Fernsehen moderiert. Gewinner des NDR "Sehstern" für die beste Moderation 2014. 2021 2. Platz beim Medienpreis "Rufer" der IHK's in Mecklenburg-Vorpommern in der Kategorie Fernsehen Langformate.

Bildnachweis:
Jan Baumgart (NDR): Seite 21
Karsten David: Seiten 13, 20, 35, 50/51, 100
Dieter Eisele SEA-FISHING.DE: Seite 62
Birgitta Fuhrken: Cover, Seite 134
Hannes Galling: Seite 129
Heinz Galling: Seiten 4/5, 12, 14/15, 17 oben, 18/19, 22 oben, 23, 24, 25, 27, 28, 30 unten, 31, 32/33, 34 (2), 36/37, 39 oben, 40/41, 42, 45, 46, 47 unten, 48, 49, 52, 54, 56, 58/59, 60, 61, 64, 66, 68/69, 70, 71, 72, 74, 75 (2), 76 oben, 78, 81, 90, 92/93, 94, 95, 96, 98 (2), 101, 102, 103, 104, 105 (2), 106, 107 Mitte, 108, 109, 110, 112, 114, 118, 120, 122, 123 (2), 124, 125 (2), 126, 127, 130, 131 oben, 132/133, 135 oben, 138, 141, 142/143, Rücktitel
Mario Jeschke: Seiten 1, 136/137
Guido Jubelt: Seiten 52, 53
NDR Fernsehen: Seiten 8/9, 10, 30 oben, 38, 39 Mitte und unten, 47 oben, 57 (3), 86/87, 88, 89, 91, 99, 107 oben und unten, 111, 116, 117, 121
Privat: Seite 29
Johannes Radtke: Seiten 77, 82/83, 84, 85 (2)

Liebe Leserin, lieber Leser, wir freuen uns über Ihre Bewertung im Internet!

Die Deutsche Nationalbibliothek verzeichnet diese Publikation in der Deutschen Nationalbibliografie; detaillierte bibliografische Daten sind im Internet über http://dnb.de abrufbar.

Lagerstraße 7 - 18055 Rostock
Tel.: 03 81 / 49 69-0
E-Mail: post@hinstorff.de
www.hinstorff.de

2. Auflage 2025
Herstellung: Hinstorff Verlag GmbH
Lektorat: Thomas Gallien
Layout & Gestaltung: Madeleine Hartwig
Druck: Westermann Druck Zwickau GmbH
Printed in Germany
ISBN 978-3-356-02526-2